五彩校园文化艺术活动丛书

校园文化艺术活动策划指导手册

李明华 ◎编著

吉林出版集团股份有限公司
全国百佳图书出版单位

前言 PREFACE

在党和政府的要求下，长期以来，学校文化艺术活动作为学校教育教学工作的一个重要组成部分，不仅是广大青少年建立兴趣爱好和成材的重要途径，而且是学校德育工作发挥巨大作用的主要因素。营造丰富多彩的校园文化，为广大青少年开拓广阔的成材之路，这是加强素质教育的要求，也是培养青少年未来实现中国梦想的要求。

学校开展形式多样的文化艺术活动，能够使广大青少年达到开阔视野、陶冶情操、增长才智、提高素质、沟通人际、适应社会以及改善知识结构和掌握实用技能等方面的效果。在这些文化艺术活动中，广大青少年通过接受不同形式、不同内容的有益教育，能够起到潜移默化的作用，这对造就和培养有理想、有道德、有纪律、有文化、适应中国复兴和实现中国梦的新一代人才有着十分重要的作用。

因此，越来越多的学校对于开展丰富的文化艺术活动和营造浓郁的校园文化环境给予了越来越多的投入和努力，学校里的音乐队、合唱团、舞蹈队、书画社、兴趣小组等，简直琳琅满目。因此，校园文化艺术活动的组织策划与指导就显得十分重要了。这就需要坚持先进文化的正确方向，以育人为根本目标，努力发展符合实际需要、并为广大师生喜闻乐见，且具有实效的校园物质文化和精神文化体系，真正营造五彩校园的文化氛围。

为此，根据党和政府有关政策和部门的要求以及国内外最新校园文化艺术的发展方向，特别编撰了《五彩校园文化艺术活动》丛书，不仅包括校园文化艺术活动的组织管理、策划方案等指导性内容，还包括阅读、科普、歌咏、器乐、绘画、书法、美化、舞蹈、文学、口才、曲艺、戏剧、表演、游艺、游戏、智力、收藏、棋艺、牌技、旅游、健身等具体活动项目，还包括节庆、会展、行为、环保、场馆等不同情景的活动开展形式等，具有很强的系统性、娱乐性、指导性和实用性。

本套丛书适当配图，图文并茂，设计精美，格调高雅，不仅是广大学校用于开展丰富文化艺术活动的最佳指导读物，也是大中小学学校领导、教师，在校大中小学学生、研究生、博士生以及有关人员学习的最佳实用读物，还是各级图书馆珍藏的最佳版本。

目录 CONTENTS

N01. 校园歌舞类活动策划指导

校园歌咏活动的组织 ………002

校园歌咏比赛的排练 ………006

歌咏比赛策划书案例 ………010

校园歌咏比赛推荐曲目 ………015

N02. 校园美术类活动策划指导

校园绘画活动的指导 ………022

校园绘画展览活动策划 ………024

校园书法比赛活动策划 ………027

N03. 校园运动类活动策划指导

校园运动学习训练指导 034
竞赛管理与赛场服务 045
校园运动会的筹备工作 059
校园运动会场地的准备 064
校园运动会开幕式策划 075
校园运动会开幕式准备 078

N04. 校园语言类活动策划指导

校园辩论活动学习指导 090
校园演讲活动学习指导 098
校园朗诵活动学习指导 106

目录 CONTENTS

N05. 校园实践类活动策划指导

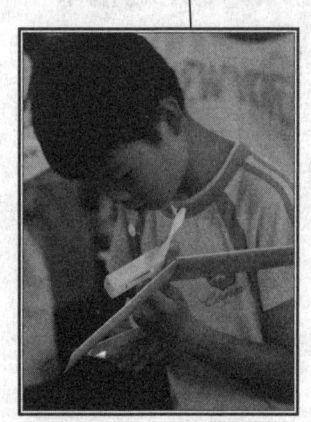

校园发明创造的指导 ……………114
校园模型制作的指导 ……………119
校园小试验小制作指导 …………123
校园发明创造大赛方案 …………126

N06. 校园行为类活动策划指导

学生爱国教育指导内容 …………132
爱国主义教育周策划方案 ………139
集体主义教育意义与方法 ………143
社会公德教育指导与实施 ………149
中小学生自觉性教育指导 ………153

N07. 校园益智类活动策划指导

校园百科知识竞赛策划 160

校园猜灯谜活动策划 165

校园诗词对联活动策划 169

校园棋类比赛活动策划 174

NO1.校园歌舞类活动策划指导

校园歌咏活动的组织

歌咏比赛是学校开展活动的主要形式之一。经常开展歌咏比赛活动，不仅能活跃团队文化生活、鼓舞士气，而且还能激发学生的荣誉感，促进团队其他工作的开展。

歌咏比赛的组织

歌咏比赛，通常应结合本单位的中心工作和具有纪念意义的重大节日进行。主题要鲜明集中，具有一定的思想教育意义。组织形式，通常应以班级为参赛单位，学校组织实施为宜。学校也可以在节假日，围绕团队中心工作，组织班级之间的歌咏比赛晚会，以活跃团队

文化生活。学校组织歌咏比赛时，可采用以下方法步骤。

1. 明确主题

歌咏比赛的主题就像写文章的主题一样，它应成为贯穿整个歌咏比赛的一根红线。因此主题的确定就应集中鲜明，思想性较强，如七一前夕，就可以组织学校进行以"我为学旗增光彩"等为主题的歌咏比赛。

2. 拟定规则

比赛细则是进行歌咏比赛的基本依据和规范。因此拟定比赛细则时，就应结合学校的实际情况，力争细致周密、切实可行。一般说来，歌咏比赛细则主要包括以下几个方面的内容。

（1）主题的名称。如"我为祖国增光彩"。

（2）参赛单位和人员。

（3）参赛的曲目。通常应结合主题选择的一些歌曲作为比赛的预选曲目，比赛时可从中指定一首至两首，也可以采取指定曲目和自选曲目相结合的方法。

（4）比赛时间和地点。

（5）比赛顺序。通常以抽签决定先后。

（6）名次取定。应说明录取名次的多少。如果是团组织的大型歌咏比赛，还可以说明以班为单位录取团体总分的名次。

（7）奖励。说明奖励的方法。

（8）评比标准。

最后还应将选择的歌曲附后，供比赛班级使用。

比赛细则拟定好后，应及时下发到各个参赛班级，使各参赛班级明确有关内容和事项。

3. 挑选评委

评委是歌咏比赛的裁判，因此，挑选评委时，应尽量挑选具有一

定音乐知识的人担任评委。评委的组成通常应不少于5人。评委确定后，还应组织一次培训，明确评比内容、评比标准和评比办法，统一评分标准和明确有关注意事项，并要求评委熟悉参赛曲目。

4.确定主持

一般比较正规和隆重的歌咏比赛，应该具有主持人、公证人和记录人员。歌咏比赛的主持人，就好比一台晚会的节目主持人，要求声音宏亮、口齿清楚、庄重大方，具有一定的表演能力。记录人员一般由三人组成，负责统分和记录。

5.确定顺序

比赛之前，还应召开一次有参赛班级、评委、主持人、公证人、记录人员参加的会议，进一步明确比赛细则中的有关内容和注意事项。并抽签决定比赛顺序。

6.实施比赛

开始前应由主持人向参加歌咏比赛的全体人员介绍评委、公证人、记录人员，然后宣布歌咏比赛开始。如果是采用当场亮分的评比方法，每当比赛完一个单位后，主持人应宣布每个评委的打分和记录人员计算出的最后得分。

当所有参赛单位比赛完毕之后，主持人应根据记录人员的记录宣布获奖单位和名次。

7.赛后发奖

比赛评比后对获奖班级进行奖状或者奖品的颁发。

歌咏比赛的评比

评比工作是歌咏比赛的重要环节。评比工作做得细致、公正、准确，有利于调动学生的积极性，促进基层歌咏活动的广泛开展。相反，评比工作做得不好，则容易挫伤大家的积极性，妨碍歌咏活动的开展。因此，必须认真细致地做好歌咏比赛的评比工作。

1.评比的内容和标准

歌咏比赛的评比内容大致有五个方面。

（1）指挥。其标准是：精神饱满，庄重大方；起音合适，不超过两次；指挥动作准确，姿势比较美观；能正确掌握歌曲的节奏、速度和力度，并通过指挥动作和指挥的表情基本反映出歌曲的基本情绪；与演唱配合默契，无脱拍或节奏混乱现象；收拍准确、整齐。

（2）音准。其标准是：歌词和曲调准确无误，无错词、跑调等现象。

（3）声音。其标准是：整齐宏亮，高低适中，无低八度、高八度、不开口和个别冒泡等现象。节奏要正确，快慢要符合歌曲的要求。队列歌曲，声音要铿锵有力；抒情歌曲，声音要圆润抒情。

（4）演唱形式或艺术处理。演唱形式要新颖、活泼，与歌曲思想内容、表现情绪要基本协调一致，并且具有一定的艺术感染力。

（5）作风。演唱作风要精神饱满，动作整齐，服装一致，军容端正严谨。歌咏比赛评比的内容除以上五个方面外，还可以把干部作为评比的内容，看他是否参加或者指挥歌咏比赛。

2.评比方法

歌咏比赛的评比方法有两种。

一是当场亮分。这种评比方法，一般采用10分制小数点后两位数计分方法。另一种方法是先评分，最后归总。这种评分方法一般采用百分制小数点后一位数计分。一般采用表格式。以上两种评比方法的总分办法是：去掉一个最高分和一个最低分，然后将其余评委的评分总计起来除以其余评委的人数就是实际得分。

校园歌咏比赛的排练

歌咏比赛的排练

组织好歌咏比赛的排练，是提高歌咏比赛水平和竞争能力的关键。歌咏比赛的队形排列，应根据参加人数的多少和状况来确定，以40人至60人的比赛队为例，一般可排列成3排至4排。从前至后，每排增加一人。整个队形略成弧形，后排与前排插空站立。高个站在每排的中间，矮个站在两边。如果人数更多，则可加大队形的纵深。如果有男生和女生，通常女生站在前面，男生站在后面。

如果分有声部，一般是高声部站在指挥的左边，低声部站在指挥的右边。每个声部的人数应构成高4、女低3、男高3，男低4的比例关系。

歌咏比赛的队形也可打破常规，根据歌曲的意境，将比赛队形摆成一个具有一定寓意的造型。

歌咏比赛的教唱

在参加大合唱比赛的准备工作中，歌曲的教唱是非常重要的一步，一定要唱得准。所以要找专业一点的人员来教歌。

教歌之前，首先要求每个人都要把歌谱及歌词抄下来。其次是介绍一下歌曲的年代、出处及时代背景，主要是培养大家的感情，使大家一唱歌就想到当时的情景，带着感情去唱歌，这样才能感动观众。最后要交代一下歌曲的整个程序，让大家有一个完整的印象。

教歌要制订计划，每次学歌按计划教唱，不要急于求成，时间不要超过两个小时。学歌中要保证人员全部到位，学歌是一个循序渐近的过程，如果每次都有不到位的，那么就会影响到下一次的教唱效果。整个学歌时间在20天至1个月为宜，时间长了，大家会感到疲劳，没有了新鲜感，时间短，歌唱的有些细节不易掌握。

如果歌曲分声部，各声部要分开学，在基本掌握本声部的唱法后，再听其他声部的唱法，掌握声部与声部的衔接。之后再统一学，重点的地方或难学的地方要反复学。教歌员不要急躁，要耐心地教唱，尤其是刚开始学时，往往是第一天学的第二天就忘了，这就要重新学，所以教歌员一定要耐心地教唱。

学歌占用了大家大量的业余休息时间，难免有些人会发牢骚，所以思想工作一定要跟上，调动大家的积极性。例如：搞个小动员，人争一口气，佛争一柱香，二十一队不就是想跟咱争第一吗？大家卖点力气，看一看到底谁是霸主。再如今天是星期天，休息时间，但咱们

的歌还得学，如果大家两遍就能学会，那么两遍后大家就自由活动，大家说好不好？这样一鼓劲或者一调动，大家学歌的积极性也就上来了，会有事半功倍的效果。

另外，教歌员要注意，教歌过程中，可以采取一些方法使学歌不枯燥乏味。比如，可以把学歌人员分成几个组，学一段时间后，展开评比竞赛，看哪一组学的快，唱得准。也可以仔细听一听，哪些人唱得不对，要及时纠正。但要注意的是：有些人唱不准，单个唱时，不要挖苦取笑他，应该单独多教几遍。

比赛歌曲的艺术处理

比赛歌曲的艺术处理，往往是歌咏比赛排练过程中的一个最重要的环节。因为歌咏比赛的水平大都是通过对歌曲的艺术处理即美的形式表现出来的。歌曲的艺术处理是对歌曲的二度创作。就一般歌咏活动来讲，主要应掌握以下几个方面。

1.情绪和思想

一首歌曲究竟表达了一种什么样的情绪和思想内容，这是首先应该准确掌握的。只有掌握了歌曲的基本情绪和思想内容，在演唱时才能把它充分地表现出来，比如《没有共产党就没有新中国》这首歌曲，表达了"只有共产党才能救中国"这样一个基本的思想内容。因此，演唱这首歌曲时，就要求情绪饱满、热烈、坚定、有力。

在表现歌曲坚定、有力时，有的人认为声音越大，就愈能表现出坚定、有力的情绪，力度感就愈强。这种看法是片面的。在表现歌曲的力度非常强烈时，固然要求声音宏亮，但更重要的是要使声音具有一种内在力量。而这是从胸腔发出来的。有的人唱歌时声音虽大，却并不能表现出坚定有力的情绪，而有的人声音听起来似乎不大，却能使人感到非常浑厚、坚定、有力，并且具有很强的穿透力与感染力。

所以，学生演唱一些进行曲风格的歌曲时，千万不要片而地追求声音如何大，而应该使声音具有一种内在力量，再在此基础上使声音放开，从而充分表现出歌曲的基本情绪和思想内容，这是唱好歌曲的重要基础。

2.演唱形式

把一首歌曲效果和艺术感染力往往是不佳的。因此，要把一首歌曲唱好，并且能充分表现歌曲的情绪和思想内容，就要求在演唱形式上有所创新。如歌曲的前面或中间加上一段短小的朗诵或独白，就往往能起到更好地表现歌曲思想内容的作用。

除此之外，还可以运用力量强弱、速度快慢的对比，以增强歌曲的情绪和气氛；还有领唱、重唱、伴唱、轮唱等形式，都能起到增强歌曲艺术效果的作用。当然，一首歌曲不可能把上述这些形式都能运用进去，这就需要根据歌曲的内容和情绪的需要，选择某些适合于表现歌曲思想内容的情绪的形式，做到形式与内容的统一，千万不能滥用，弄得不伦不类。

3.和声

这种形式，就是所说的合唱。和声的魅力是无穷的，它对歌曲具有某些特殊的表演功能和推动作用。

4.表演唱

有些队列歌曲或抒情歌曲，加上一定的表演，如队列操、艺术造型或伴舞等形式，其效果也是大不一样的。但值得注意的是，这种表演是为更好地表现歌曲的思想内容的。因此，千万不能脱离歌曲的思想内容，去设计某些动作或造型。

总之，歌曲的艺术处理方法是多种多样的，排练过程中应根据歌曲的内容适当地加以选择，同时也应大胆地采用，这样，将会收到很好的效果。

歌咏比赛策划书案例

校园小歌手大赛策划书

目的：活跃校园文化，丰富同学们的日常文化生活，充实校园文化氛围，为同学们提供一个展示自己的舞台，发挥学生特长，培养学生积极向上的心态和良好的竞争意识，让广大同学在欣赏中提高鉴别美、创造美和发现美的意识。并将此活动以每年一届的方式固定下来，保证活动的连续性和教育效果的持续性。

宗旨：培养学生的参与意识、时间能力，在活动中积极引导学生全面发展。

原则：公平、公开、公正。

程序：

1. 海选

方式：每班报名不限，都可到德育处报名，自愿参加。所有选手由全校学生投票，由得票数高低产生30至40名同学进入下一轮复赛。

评委：××老师、××老师

2. 复赛

方式：选手用伴奏带演唱，选出18人参加决赛。

评委：××老师。

3. 决赛

方式：按照确定标准给每名选手打分，按成绩高低分别评选出一、二、三等奖，给予奖励。此外，还在全部参赛者的范围内选出"最佳台风奖"、"最具潜质奖"、"最佳人气奖"等单项奖，鼓励参赛者。

4. 评委：音乐老师等。

附：

（1）参赛曲目必须是符合儿童演唱的儿童歌曲、校园歌曲、影视歌曲等，每人限唱一首。

（2）参与者必须接受活动组织者的统一指挥，严密组织，分工协作，精心实施。

（3）本次活动要求组织者和参与者之间应相互配合、相互支持，保证活动各环节顺利完成。

××小学少先大队部

××年××月××日

五彩校园文化艺术活动丛书

校园歌手大赛策划书

为了促进学校文体事业，提高学生的文艺水平，彰显当代学生的精神风貌，展现校园学生风采，丰富同学们的课余文化生活，特隆重举办此次校园歌手大赛活动。

活动口号：音乐点亮青春，歌声唱响未来！

活动时间：11月28日

活动地点：学院艺体馆

活动主办单位：学院院团委

活动承办单位：团总支

活动对象：学院全体学生

活动评比规则：本次活动将本着公平、公正的原则，初、复赛的评委由有关方面的老师和干部做评委，决赛将由专业的老师做评委。活动将评比出一等奖1名、二等奖2名、三等奖3名、最佳创意奖1名、最佳造型个性奖1名、优胜奖若干，颁发证书及奖品。

1.活动流程

（1）初赛：11月6日16：00

由各个年级将各班级的报名选手名单交到主办单位，然后将所报的选手大致分组，根据自己分组到指定的比赛场地进行初赛。

形式：每个参赛选手自选一首歌演唱，没伴奏，限时一分钟。

地点：二教305、405、505。

最后留下30名选手。

（2）复赛：11月13日17：00

将各个班级复赛的选手分好组，并请有关比较专业老师来做评委。确定好决赛的选手名单，并交到主办单位，统一安排决赛的事项。

形式：每个参赛选手自选一首歌曲演唱，自备伴奏。

地点：图书馆五楼报告厅

（3）决赛：11月28日19：00

决赛将在艺体馆举行，由专业的老师做评委，由进入复赛的选手进行比赛，决赛将分发门票，每班20张，自带凳子。

复赛期间必须保持现场的有序。最终由评委亮分进行评述评出名次。

形式：每名选手自选一首歌演唱，自备伴奏，有团队配合自己的最好。

地点：艺体馆

2.活动宣传

（1）前期

①由各个系部团总支召开各个支部团支书、文艺委员会。

②各个系宣传部配合院宣传部做好宣传。

③由广播站对本次活动进行宣传到初赛结束。

（2）后期

①将在整个活动过程中精彩的照片贴在宣传栏中。

②请文学社出校刊对本次活动进行报导。

③在学院团委信息网上传本次活动的精彩照片和视频。

3.注意事项

（1）评委绝对要做到公平、公正。

（2）参赛选手必须准时到达比赛现场，如迟到5分钟视自动弃权。

（3）参赛歌曲形式多样，不做形式上的要求。

（4）参赛选手的着装、碟片及其他道具一律自备。

（5）参赛的选手必须服从评委的安排，如有问题可以向组委会提出。

（6）主办单位的人员要认真对待自己手里的工作、热情解决选手提出的问题。

（7）选手以个人为单位，不限名额，鼓励以组合形式报名参赛本次活动的最终解释权归组委会。

××学校团支部

校园歌咏比赛推荐曲目

1. 祖国歌　　　　　　　　　　　　　　　李叔同词曲
2. 黄河　　　　　　　　　　　　　　　杨度词 沈心工曲
3. 毕业歌　　　　　　　　　　　　　　田汉词 聂耳曲
4. 五月的鲜花　　　　　　　　　　　光未然词 阎述诗曲
5. 松花江上　　　　　　　　　　张寒晖词曲 瞿希贤编合唱
6. 旗正飘飘　　　　　　　　　　　　　韦瀚章词 黄自曲
7. 长城谣　　　　　　　　　　农词 刘雪庵曲 郑克宁编合唱
8. 游击队歌　　　　　　　　　　　　　　　贺绿汀词曲
9. 抗日军政大学校歌　　　　　　　　　　凯丰词 吕骥曲
10. 在太行山上　　　　　　　　　　　　桂涛声词 冼星海曲
11. 怒吼吧，黄河　　　　　　　　　　　光未然词 冼星海曲
12. 保卫黄河　　　　　　　　　　　　　光未然词 冼星海曲
13. 歌唱二小放牛郎　　　　　　　　　　　方冰词 劫夫曲
14. 没有共产党就没有新中国　　　　　　　　　曹火星词曲
15. 团结就是力量　　　　　　　　牧虹词 卢肃曲 杨余燕编合唱
16. 阿里山的姑娘　　　　　　　　　　　张彻词 邓禹平曲
17. 歌唱祖国　　　　　　　　　　　　　　　　王莘词曲
18. 革命人永远是年轻　　　　　　　　劫夫词 劫夫、中艺曲
19. 勘探队之歌　　　　　　　　　　　　佟志贤词 晓河曲

20. 远方的客人请你留下来　　　　　　　　范禹词 麦丁编曲
21. 牧歌　　　　　　　蒙古族民歌 海默词 瞿希贤编合唱
22. 我的祖国　　　　　　　　　　　　　　乔羽词 刘炽曲
23. 祖国颂　　　　　　　　　　　　　　　乔羽词 刘炽曲
24. 我们走在大路上　　　　　　　　劫夫词曲 刘孝扬编合唱
25. 唱支山歌给党听　　　　　　　焦萍词 践耳曲 吴歌编合唱
26. 接过雷锋的枪　　　　　　　　　　　　　　朱践耳词曲
27. 乌苏里船歌　　　　　　郭颂、胡小石词 汪立才、郭颂曲
28. 七律·长征　　　　　　　　　　　毛泽东词 彦克、吕远曲
29. 忆秦娥·娄山关　　　　　　　　　　　毛泽东词 田丰曲
30. 四渡赤水出奇兵　　　　肖华词 晨耕、生茂、唐诃、遇秋曲
31. 过雪山草地　　　　　　肖华词 晨耕、生茂、唐诃、遇秋曲
32. 青春舞曲　　　　　　　　　维吾尔族民歌 王世光编合唱
33. 军民团结一家亲　　　　　　　　　　　吴祖强词 杜鸣心曲
34. 祝酒歌　　　　　　　　　　　　　　　韩伟词 施光南曲
35. 美丽的草原我的家　　　　　　　　　火华词 阿拉腾奥勒曲
36. 我爱你，中国　　　　　　　　　　　　瞿琮词 郑秋枫曲
37. 年轻的朋友来相会　　　　　　　　　张枚同词 谷建芬曲
38. 在希望的田野上　　　　　　　　　　　晓光词 施光南曲
39. 祖国，慈祥的母亲　　　　　　　　　张鸿西词 陆在易曲
40. 大海啊，故乡　　　　　　　　　　　　　　王立平词曲
41. 飞来的花瓣　　　　　　　　　　　　　望安词 瞿希贤曲
42. 长江之歌　　　　　　　　　　　　王世光曲 胡宏伟填词
43. 大漠之夜　　　　　　　　　　　　　邵永强词 尚德义曲
44. 去一个美丽的地方　　　　　　　　　邵永强词 尚德义曲
45. 我的中国心　　　　　　　　　　　　　黄霑词 王福龄曲

46. 我和我的祖国　　　　　　　　　　张藜词 秦咏诚曲 秋里编合唱
47. 东方之珠　　　　　　　　　　　　罗大佑词曲 陈国权编合唱
48. 今天是你的生日　　　　　　　　　　　　韩静霆词 谷建芬曲
49. 共和国之恋　　　　　　　　　　　　　　刘毅然词 刘为光曲
50. 故乡的云　　　　　　　　　　　　　　　　小轩词 谭健常曲
51. 中国中国鲜红的太阳永不落　　　　　　　贺东久等词 朱南溪曲
52. 同一首歌　　　　　　　　　　　　　陈哲、迎节词 孟卫东曲
53. 爱我中华　　　　　　　　　　　　　　　　乔羽词 徐沛东曲
54. 春天的故事　　　　　　　　　　　蒋开儒、叶旭全词 王佑贵曲
55. 七子之歌　　　　　　　　　　　　　　　闻一多词 李海鹰曲
56. 走进新时代　　　　　　　　　　　　　　　蒋开儒词 印青曲
57. 游子情思　　　　　　　　　　　　　　　邵凯生词 陆在易曲
58. 雨后彩虹　　　　　　　　　　　　　　　　于之词 陆在易曲
59. 我像雪花天上来　　　　　　　　　　　　　晓光词 徐沛东曲
60. 在灿烂的阳光下　　　　　　　　　　　　　　集体词 印青曲
61. 天路　　　　　　　　　　　　　　　　　　　屈塬词 印青曲
62. 共产儿童团歌　　　　　　　　　　　　革命历史歌曲 张肖虎编合唱
63. 卖报歌　　　　　　　　　　　　　　　　　　安娥词 聂耳曲
64. 祖国的孩子们　　　　　　　　　　　　　　赵启海词 冼星海曲
65. 快乐的节日　　　　　　　　　　　　　　　　管桦词 李群曲
66. 我们的田野　　　　　　　　　　　　　　　管桦词 张文纲曲
67. 我们多么幸福　　　　　　　　　　　　　　金帆词 郑律成曲
68. 让我们荡起双桨　　　　　　　　　　　　　　乔羽词 刘炽曲
69. 听妈妈讲那过去的事情　　　　　　　　　　管桦词 瞿希贤曲
70. 我爱北京天安门　　　　　　　　　　　　　金果临词 金月苓曲
71. 红星歌　　　　　　　　　　　　　邬大为 魏宝贵词 傅庚辰曲

五彩校园文化艺术活动丛书

72. 嘀哩嘀哩 　　　　　　　　　　　　　　望安词　潘振声曲
73. 歌声与微笑 　　　　　　　　　　　　　王健词　谷建芬曲
74. 每当我走过老师窗前 　　　　　　　　　金哲词　董希哲曲
75. 七色光之歌 　　　　　　　　　　　　　李幼容词　徐锡宜曲
76. 少年，少年，祖国的春天 　　　　　　　李幼容词　寄明曲
77. 十送红军 　　　　　　　　　　　　　　张士燮词　朱正本编曲
78. 红军战士想念毛泽东 　　　　　　　　　　　乐濛、彦克曲
79. 映山红 　　　　　　　　　　　　　　　陆柱国词　傅庚辰曲
80. 情深谊长 　　　　　　　　　　　　　　王印泉词　臧东升曲
81. 二月里来 　　　　　　　　　　　　　　赛克词　冼星海曲
82. 延安颂 　　　　　　　　　　　　　　　莫耶词　郑律成曲
83. 南泥湾 　　　　　　　　　　　　　　　贺敬之词　马可曲
84. 国家 　　　　　　　　　　　　　　　　王平久词　金培达曲
85. 和谐家园 　　　　　　　　　　　　　　易南新词　蒋大为曲
86. 旗帜颂 　　　　　　　　　　　　　　　阎肃词　印青曲
87. 江山 　　　　　　　　　　　　　　　　晓光词　印青曲
88. 共和国选择了你 　　　　　　　　　　　瞿琮词　宁林曲
89. 为了谁 　　　　　　　　　　　　　　　邹友开词　孟庆云曲
90. 好日子 　　　　　　　　　　　　　　　车行词　李昕曲
91. 五星红旗 　　　　　　　　　　　　　　天明词　刘青曲
92. 龙的传人 　　　　　　　　　　　　　　　　侯德健词曲
93. 北京颂歌 　　　　　　　　　　　　　洪源词　田光、傅晶曲
94. 我爱这蓝色的海洋 　　　　　　　胡宝善、王川流词　胡宝善曲
95. 我们的生活充满阳光 　　　　　　秦志钰等词　吕远、唐诃曲
96. 难忘今宵 　　　　　　　　　　　　　　乔羽词　王酩曲
97. 当兵的人 　　　　　　　　　　　王晓岭词　臧云飞、刘斌曲

98.说中国	曾宪瑞词 蒋大为曲
99.红旗飘飘	乔方词 李杰曲
100.祝福祖国	清风词 孟庆云曲
101.亚洲雄风	张藜词 徐沛东曲
102.光明行	虞文琴词 雷远生曲
103.红船向未来	周羽强词 张红旗曲
104.东方红	陕北民歌 李有源、公木词
105.人民军队忠于党	张永枚词 肖民曲
106.我爱祖国的蓝天	阎肃词 羊鸣曲
107.党啊,亲爱的妈妈	马殿银、周右曲
108.鼓浪屿之波	张藜、红曙词 钟立民曲
109.红梅赞	阎肃词 羊鸣、姜春阳、金砂曲
110.中国人	李安修词 陈耀川曲
111.青藏高原	张千一词曲
112.祖国不会忘记	月潭词 曹进曲
113.最美还是我们新疆	赵思恩词 吾布力·托乎提曲
114.在中国大地上	晓光词 士心曲
115.我爱你,塞北的雪	王德词 刘锡津曲
116.谁不说俺家乡好	吕其明、杨庶正、肖培珩词曲
117.我们美丽的祖国	张名河词 晓丹曲

NO2.校园美术类活动策划指导

校园绘画活动的指导

校园绘画活动，是培养美术特长生及发现美术专业人才的重要阵地，经营管理好学生的绘画活动，同样可以给学校增色。那么，学校应该如何进行学生绘画活动的管理指导呢？

成立组织

学校应以美术老师为主体成立本校绘画指导活动领导小组，任命专职的老师任组长，制定具体工作方案，认真做好校园学生的绘画活动组织实施工作。

学校绘画领导小组成立后,应该立即组建学生兴趣小组,如组织学生国画小组、油画小组、雕刻小组等,以指导学生的绘画活动。

开展活动

兴趣小组的负责老师要切实把各类小组的活动看成是学校教育的组成部分,认真负责,组织学生按时参加。在活动期间,要教育学生热爱集体,爱护教室和公共场所内的设施和用品,不乱涂乱画,保持室内清洁;讨论问题不能影响别人。

另外,针对当代年轻人的特点,各绘画小组的活动应开展得生动活泼。除定期进行绘画知识讲座,观摩名人作品外,还要定期举办全校性的美术书画作品展览会,展示师生的教学成果,组织学生进行认真学习。

创新教学

在美术兴趣小组的教学实践中,学校应根据学生的现状,着重抓基础训练。教学中做到定人、定时、定计划,创新方法,开展切实可行的美术技法技能训练,精心设计,让各个层次的学生都可以体会到学习的成功,在快乐的玩耍中掌握技术技能,营造良好的教学氛围。

要使学生要参加活动以后,通过接触一些基本的美术常识,在构图、想象力方面都有所突破,使美术鉴赏和审美能力以及综合、判断、联想的能力有一个较大的提高。

总结提高

每学期结束后,各兴趣小组应将本学期的学习成果、总结材料汇编成册上报学校。材料包括校园绘画活动的实施方案与总结、学生兴趣小组组建情况、各类小组学习、竞赛、参展等相关材料、活动简报等方面的资料,并附上开展活动的记录、图片、报道、碟片等过程性资料。学校绘画领导小组要通过对活动的评价与总结,结合实际,认真反思和改造,为以后的此类活动提供借鉴。

校园绘画展览活动策划

为了丰富校园文化,陶冶师生情操,展示我校师生的艺术才能,提升学校的艺术氛围,在第62个国庆节来临之际特举行师生书画展览,望各位老师、学生积极参与,充分展示自己的艺术才华。

参加成员
全校教师均可报名参加,每班挑选出3名学生参加比赛。

活动地点
小操场 集体备课室

参赛时间
学生：星期四下午第三节课

教师：星期五上午8：30——10：30

展览时间
下周二

参展的书画作品要求
绘画类主题围绕"庆国庆"，要求健康向上，展现我校朝气蓬勃的精神风貌。书法提倡以古诗、碑帖的临摹为主。

参赛项目
绘画：包括手工、油画、棒画、刮画等

书法：硬笔书法(低年级铅笔字)、软笔书法

评选办法
分低年级、中年级、高年级及教师组四组。低、中、高年级组各设一等奖1名，二等奖2名，三等奖3名；教师组设一等奖3名、二等奖5名、三等奖8名。

注：学校提供创作所需宣纸、墨汁，其他材料、工具自备。

指导思想
为丰富我校校园文化生活，活跃校园气氛，积极推进素质教育的发展，展示同学们的才艺，增强班级凝聚力。在国庆节来临之际，举行师生书画展庆祝活动，通过书画展活动对学生进行科学的世界观、人生观、价值观的教育，鼓励学生的兴趣爱好，提高学生的综合素质，充分展示我校师生崭新的精神风貌。

活动主题
以"庆国、庆师生书画展"为主题

活动时间
2011年9月29日

活动对象
全体师生

活动要求
学生作品以班级为单位,每班参赛的作品5幅~6幅。教师每人至少一幅作品。

1.作品要求:学生书法、绘画均用8开纸张,教师书法用4尺对开宣纸,绘画用4尺斗方,硬笔书法用8开纸张。

2.形式要求:必须是具有特色风格的作品,可以是素描、水彩、油画、书法(硬笔、软笔)等。

3.内容要求:具有艺术气息,内容健康向上的即可。

上交作品时间及地点
2011年9月28日上交于美术组李老师

评委成员
校委会全体成员及美术教师

展出地点
教师作品学校集体备课室

学生作品小操场

校园书法比赛活动策划

活动主题

丹彩墨香,和风颂庆

活动背景

书法,是我们中华民族独有的传统艺术,源远流长,非常具有艺术魅力。它是一种集肢体和脑力于一体,将全身体力和思维运用于笔端的一种艺术书法,横如列阵排云,直如倒笋垂露,点如危峰卵石,牵如万岁枯藤,纵如行云流水。书法,不仅可以陶冶情操,修身养

性，还可以以书会友，与人交流。

活动目的

为了迎接我校"百年办学、十年本科"庆典，为节日增添喜庆，发展校园文化，营造更好的校园气氛，激发我院书法爱好者的兴趣，同时丰富传统文化，展示学子对传统文化的热爱、祝福和期望。传承中国传统文化艺术，体现时代鲜明特色，展现大学生自主创新能力，丰富广大同学课余生活，谨此为母校献上生日祝福，营造浓厚的校庆氛围。

活动对象

××学院全体在校生

活动时间

2013年10月16日（周二）下午2：00——5：30，现场组2点开始，传统组和设计组（电脑设计和手绘设计）3点开始。

活动地点

传统组、设计组：文正楼大厅及教室

现场组：红楼前过道（如有突发天气变故，地点稍有调整）

前期准备

1.宣传方式

活动与报名以海报横幅等形式在全校范围内进行宣传，设立报名咨询点，并且设立网上报名（www.×××.com）。主要宣传方式包括张贴海报、横幅，网上公布，，设立报名咨询点及到各宿舍宣传等，力求让更多的同学参与其中。海报分两个阶段进行宣传：

第一阶段：10月1日至10月7日以海报(两期)形式连载通知，介绍活动的相关的具体情况。

第二阶段：10月7日至10月14日对赛前的一些相关事宜进一步介绍，及时悬挂比赛横幅和相关展板海报，联系参赛人员。（或以传单

的形式在各宿舍进行宣传）

2.报名方式

（1）系里推荐（开宣传部长会议，推荐选手参加）

（2）报名咨询点报名（10月9日至10月16日设报名咨询点）

（3）可发短信给联系人参加报名（报名电话详见海报）

3.评分标准

由老师、各院系宣传部长组成的大众评委。最后得分=老师评分×50%+各院系部长评分×50%

注：创新组奖项届时会以网上投票竞选为主，详见具体通知。

4.各方面负责人安排确定

传统组组长：××　　创新组组长：××

现场组组长：××　　设计组组长：××

5.赛场布置设计（13：30到场）

6.确定比赛道具

7.活动和场地申请：文正楼东梯、西梯

8.评委确定及邀请

活动中期

1、活动形式

由主办方确定书写内容，选手当场写作品并由评委当场评奖，本次大赛分为传统组（软笔和硬笔）、现场组和设计组。

2.作品要求

（1）传统组

分为软笔小组和硬笔小组，现场给定内容现场发挥（纸墨由主办方提供，笔和工具自带）。

（2）设计组

围绕校庆的主题，进行海报设计（分为电脑平面设计和现场手绘

设计）。

①活动参赛作品形式及内容

a、参赛作品必须把校庆和书法结合在一起，手绘设计海报支持创新（可使用非作画工具）；

b、参赛作品为海报、手绘，且参赛作品最好使用一到两句的标语，体现主题；

c、参赛作品均须原创，一旦发现抄袭现象，立即取消参赛资格；

d、参赛作品应具有一定的独创性、艺术性和观赏性；

e、参赛作品的内容健康、积极向上；

②报名要求

a、各院系需提交一至两份的电子版的海报；

b、个人比赛以个人的形式报名参加比赛；

c、自发组合也可报名参赛（2名~4名）。

③现场组

届时比赛现场会有猜字、猜灯谜等活动，到场的同学皆可参加，猜中者将得到主办方提供的精美礼品。

活动后期

1.活动结束的场地清理；

2.活动的工作总结；

3.开展一次作品展览，并当场公布比赛结果及颁发奖项。

经费预算

1.需要审批物品

（1）宣纸：300张

（2）硬笔比赛用纸：50本

（3）毛笔：20支

（4）墨水：10瓶

（5）证书：30本

2.经费预算

（1）宣传经费及横幅用纸：900元

（2）奖品：1120元

一等奖：2名（软笔、硬笔）　　100×2=200

二等奖：4名（软笔、硬笔）　　80×4=320

三等奖：6名（软笔、硬笔）　　50×6=300

优秀奖：12名（小礼品即可）

最佳创新奖、最佳潜力奖、最佳人气奖：50×6=300

（3）音响租借：300元

（4）邀请嘉宾及评委：200元

（5）互动小礼品：80元

合计：2600元

注意事项

1.前期加大宣传；

2.提前安排好人员的工作，确保都能准时到场；

3.活动中各项工作必须要做得迅速准确；

4.桌椅以及其他必备设施必须提前准备好；

5.确保人员的到位，各司其职高效高质完成任务；

6.赛后赛场的清理。

NO3. 校园运动类活动策划指导

校园运动学习训练指导

学校训练是学校竞技体育活动重要组成部分,是为提高运动员竞技能力和运动成绩,在教练的指导下,专门组织的有计划的体育活动。

学校运动训练特点

1.多元性

训练目标的专一性与实现途径的多元性。

2.互补性

竞技能力机构的整体性与各子能力之间的互补性。

3.阶段性

学校训练过程的连续性和组织实施的阶段性。

4.劣变性

不同训练负荷影响下机体的适应性及劣变性。

5.应变性

训练调控的必要性及应变性。

6.导向性

现代科技支持的全面性及导向性。

7.综合性

学校训练研究的内容与许多学科有着紧密的联系，需要了解、掌握和运用多种学科的有关知识。在自然科学方面涉及运动解剖学、运动生物力学、运动生物化学、运动生理学、运动医学、统计学等；在社会科学方面涉及教育学、运动社会学、运动心理学等学科，如果研究身体训练，就要运用运动解剖学和运动生理学的有关基础知识；要研究训练水平的测定和评价，就要运用人体测量、生理机能试验以及统计学的有关知识。因此，有人把学校训练学称为一门综合性的学科。

学校运动训练方针

1.严格管理

教育运动员树立攀登高峰、为国争光的远大目标，培养吃苦耐劳、持之以恒的精神，要求运动员遵守纪律与作息制度，注意营养卫生，服从教练和医务监督。

2.严格执行

学校训练是一个长期而系统的过程，要靠科学的训练计划进行控制与调节。运动员必须完成每个年度、阶段、周期及每次训练课的负荷量、强度、密度等。

3.作风训练

如在径赛接近终点及球赛相持阶段等困难、疲劳时，要求运动员顽强拼搏、奋勇进取，并做到胜不骄、败不馁。

4.技术训练

要求运动员在符合技术原理与基本规格的基础上形成个人风格，特别是关键技术必须一丝不苟地反复练习。此方针是对运动员身体训练、心理训练、作风训练以及技、战术训练必须遵循的基本准则与指导思想。

学校运动的训练方法

为完成训练任务，提高专项运动成绩所采用的方法。训练方法选用得当，可取得良好的训练效果，提高运动成绩。基本训练方法有重复训练法、循环训练法、间歇训练法、变换训练法、综合训练法、竞赛训练法、心理训练法等。不同的运动项目或训练内容还有一些特殊训练方法，如力量素质训练有等张训练法、等长训练法、超等长训练法、等动训练法、制动训练法等。

1.持续训练法

（1）概念。学校训练方法之一。在较长的时间里，用较稳定且不太大的强度，不间歇地连续进行练习的方法。常用于跑、自行车、划船等周期性项目的训练。以发展一般耐力和专项耐力。

（2）特点

①比较稳定。练习时间较长，负荷量较大，但强度不大，对机体的刺激较缓和，训练效果显现较慢，但比较稳定。

②控制负荷。运用时要注意控制负荷强度。在准备期或休整期为发展或保持运动员一般耐力水平时，可采用小、中强度。

③恢复手段。在竞赛期一般用小强度作为机体恢复的手段。采用中等强度可以保持必要的耐力水平。要根据运动员的专项、训练水平

和训练任务，采用不同的训练强度和持续训练时间。

2.重复训练法

（1）概念。学校训练方法之一。在不改变动作结构和运动负荷的条件下，按照既定的要求反复进行练习，每次练习之间的间歇时间能使机体基本恢复的练习方法。

（2）特点

①动作：每次练习的动作结构、要求和负荷不变。

②负荷：每次练习的负荷强度较大，达到运动员所能承担最大强度的90%～100%，即接近或达到竞赛的强度。

③休息：每次练习后的休息时间不固定，以机体得到充分休息、达到基本恢复为准。运用此法时应根据训练任务、项目特点和运动员的具体情况，确定重复练习的距离、时间、次数、负荷强度和间歇时间。

3.间歇训练法

（1）概念。学校训练方法之一。在一次练习之后，按严格规定的间歇时间休息，在运动员机体尚未完全恢复时立即进行下一次练习的方法。

（2）特点

①交替：负荷与休息交替进行，严格规定休息时间，在机体未完全恢复时即进行第二次练习。

②心律：每次练习时间不长，强度根据训练要求，可达到或超过竞赛强度，也可为小强度，一般负荷时心律应达每分钟160次至180次，最大时为每分钟200次以上。

③休息：采用积极性休息，如走、慢跑等。

4.变换训练法

（1）概念。学校训练方法之一。在练习过程中，有目的地变换运动负荷、动作组合，或变换练习环境、条件等情况下进行训练的方法。

(2) 特点

①变换练习：在周期性项目中主要是变换练习的速度和环境。

②适应能力：在非周期性项目中则以变换练习的组合和条件为主。其作用是能避免练习的单调，提高运动员练习的兴趣和积极性，培养多种运动感觉，提高人体对训练和竞赛的适应能力。

③存在问题：运用时要根据训练的具体任务和运动员存在的主要问题，有目的地进行变换，如跳高可降低过杆高度，举重可减轻重量，使运动员体会动作技术，克服技术错误。

5.循环训练法

(1) 概念。学校训练方法之一。根据训练的具体任务，建立若干练习站或练习点，运动员按规定顺序、路线，依次循环完成每站所规定的练习内容和要求的训练方法。

（2）特点。是一种综合形式的练习方法，比较生动活泼，能提高运动员的练习情绪和积极性。设站个数、每站练习内容、负荷量度，以及循环次数可根据具体任务和对象的水平灵活确定。

（3）事项

①实际需要：设站个数要按训练的实际需要而定，一般安排10个左右。

②练习内容：要根据训练任务确定各站的练习内容，突出重点，重点与一般互相配合。

③掌握动作：练习内容应是运动员已掌握的动作。

④交替进行：合理安排各站的顺序，使发展不同素质和不同部位的练习交替进行。

⑤练习时间：每一站的练习时间约5分钟至20分钟，各站之间间歇15秒至20秒，采用适度的积极性休息方式。

⑥训练水平：循环次数应按站数的多少和运动员的训练水平确定。

6.分解训练法

是指完整的技术动作或战术配合过程合理分成若干环节或部分，然后按环节或部分分别进行训练的方法。

（1）单纯训练法

①分解：把训练内容分成若干部分，分别学习。掌握各个部分或环节内容，再综合各部分进行整体学习。

②特点：分解的技术动作和战术配合相对复杂，分解后的各个部分可以独立训练。

（2）顺进训练法

①分解：需要训练内容分成若干部分，先训练第一部分，掌握后再训练第一部分和第二部分；掌握后，再将三部分一起训练；如此步步前进，直至完整掌握技术或战术。

②特点：训练内容的进程与技术动作、战术配合过程的顺序大体一致；后一步骤的练习内容包括前一部分的内容。

（3）递进训练法

①分解：需将应用时把训练内容分成若干部分，先训练最后一部分；逐次增加训练内容到最前一部分，如此进行直至掌握完整的技术或战术。

②特点：训练内容的进程与技术动作，战术配合过程的顺序恰恰相反。多运用于最后一环节为关键环节的技术和战术的训练。

7.完整训练法

（1）概念。是指从技术动作或战术配合的开始到结束，不分部分和环节，完整地进行练习的训练方法。

（2）特点

①运用完整训练法，便于运动员完整地掌握技术动作或技术配合。

②保持技术动作或战术配合的完整结构和各部分之间的内在联系。

（3）适用。可用于单一动作训练。多元动作训练，个人成套动作的训练。集体配合动作的训练。

8.竞赛训练法

（1）概念。学校训练方法之一。用竞赛或游戏的方式进行训练。

（2）内容。内容和形式多种多样，根据训练的需要可自行创造。可用于身体训练、技术训练和战术训练等。在技术训练中，可以竞赛所学技术动作的质量，如投篮的准确性、落地的稳定性等。

（3）特点

①有竞争性：通过单人或成队的竞赛方式，使训练具有竞争性，对提高运动员练习的积极性和进取精神，充分发挥其主动性和创造性，适应不断变化的环境有很大作用。

②判断能力：有利于培养运动员的独立思考和判断能力。

③良好作用：对培养运动员的道德品质、集体主义精神有良好作用。

9.综合训练法

（1）概念。学校训练方法之一。指若干种训练方法的结合运用，如持续训练法与重复训练法的综合，重复训练法与变换训练法的综合，重复、变换、竞赛训练法的综合等。

（2）特点。能灵活地调节训练负荷和休息，有利于提高运动员的身体训练水平和运动技能。

10.微机辅助训练法

（1）概念。运用计算机技术，对训练过程或某一训练内容实施控制、调节的训练方法。始于20世纪70年代末，是体育发达国家广泛采用的一种科学训练手段。

（2）作用

①定量控制：能有效地将定性的训练过程转化为定量的控制过程，使训练计划的制订、训练过程的监督和训练结果的评定，置于定量的自动化分析的基础上。

②现实物态：将内容繁多、关系纵横、结构复杂的训练体系系统化，使训练过程的系统性、层次性和相关性通过计算机具体地体现出来，从而使理论设想形成现实物态。

③避免盲目：能科学地规划训练过程、模拟运动状态、预测训练结果、提供反馈信息，避免训练过程的盲目性。

④纠偏建议：把来自训练系统的众多感性信息，经过处理转化为理性结果，并反馈给教练员和运动员，提供纠偏建议。

⑤科学分析：将运动过程图示化、数学化。使训练手段的选择建立在科学分析的基础上，有助于强化练习手段的针对性和目的性。

学校运动的训练内容

1.身体训练

（1）概念。学校训练的重要内容之一，指运用各种有效手段和方法，增进健康，提高机能和全面发展各种身体素质与运动能力的训练。

（2）分类

①一般身体训练：运用非专项的身体练习，增进健康，改善身体形态，提高各器官系统的机能水平，全面发展身体素质，为专项身体训练打下基础。

②专项身体训练：采用与专项紧密联系的专门性身体练习，发展专项运动素质，以便掌握技术和战术，并在竞赛中合理、有效地运用，创造优异运动成绩。

（3）作用。身体训练对保证运动员适应现代学校训练和大负荷高强度竞赛的要求，掌握复杂而先进的技术和战术，培养良好的意志品质，以及防止伤病、延长运动寿命等都有重要意义。在全年和多年训练中，专项和一般身体训练的比重，要因时、因项、因人而异。

2.技术训练

（1）概念。学校训练的重要内容之一。使运动员掌握和改进专项运动技术，并提高其运用能力的训练。

（2）分类。分基本技术训练和高难技术训练两类：前者是技术训练的核心和基础；后者是技术训练的高峰，在高水平运动员训练中占重要地位。

（3）要求

①比重：在动作复杂、协调性较高的运动项目中，如体操、跳水、花样滑冰、球类和撑竿跳高等，技术训练应占很大比重。

②风格：要在全年和多年训练中系统地进行，并注意建立正确的技术概念。基本技术训练应贯穿学校训练过程的始终，做到全面、实用、准确、熟练，并结合运动员的个人特点，形成独特的技术风格。

③目的：必须重视运动技术的科学诊断，以达到改进和完善运动技术的目的。

④质量：技术训练的质量对于充分发挥运动员的体能潜力，掌握战术的数量和质量，创造优异运动成绩都有重要影响。

3.战术训练

（1）概念。学校训练的重要内容之一。为培养战术意识。掌握专项运动战术，提高在竞赛中完成战术配合行动能力而进行的训练。

（2）内容。内容包括战术风格、战术知识、战术意识和战术行动等。集体性项目，如某些球类运动，其战术复杂多变，战术训练的比重应大些。

（3）要求

①战术思想：树立正确的战术思想。

②战术意识：培养战术意识，这是战术训练的中心环节。

③独特战术：把基本战术同多种战术结合起来，形成本队独特风

格的战术。

④应用质量:重视实战训练和战术应用的质量。

⑤训练结合:同身体、技术、智力、心理训练相结合。

正确运用和灵活改变战术,对充分发挥运动员的身体能力与技术特点,以及提高运动技术水平有重要意义。

4.恢复训练

(1)概念。学校训练的重要内容之一。使用合理而有效的恢复方法和手段,加速消除运动员体力和精神上的疲劳,使机体活动能力得以恢复和提高。

(2)内容

①生活制度:控制训练负荷变化,保证训练课、竞赛及练习之间的休息,安排合理的生活制度。

②补充营养:合理搭配蛋白质、脂肪、碳水化合物及维生素的成分。

③使用药物:使用功效显著的药物,如维生素B1、维生素B6、维生素E及其他药物制剂。

④恢复手段:采用红外线、紫外线、水作用,即温水浴、海水浴、淋浴等、电作用,即电催眠、电振动、电针、按摩、心魄调整及放松训练等恢复手段。

竞赛管理与赛场服务

运动会工作人员的组织

工作人员主要是指除裁判员以外的全体为运动会服务的人员,他们是学校运动会顺利进行的后勤保障力量。学校运动会工作人员一般由三部分组成,分别是学校工作人员、家长工作人员和志愿者工作人员。

1.组织师生参与服务

为了保证学校运动会顺利召开,运动会需要有很多工作人员,主要由学校相关部门的教工、学校团委及学校学生会学生和各院系班级

的学生组成，服务于学校运动会，保障学校运动会的顺利进行。

2.组织家长参与服务

学校举办运动会，家长的参与热情也非常高，许多家长看重两代之间的沟通交流，有的除了帮孩子训练外，还积极借旗备鼓，到学校帮忙做道具等，积极地为学校运动会服务。因此，学校要非常注意发挥广大专院校生家长的积极性，适当组织部分家长参与运动会的工作，这样会取得不错的效果。

3.组织志愿者参与服务

①适当动员：学校举办运动会，往往学校周边的群众与社区的参与热情也非常高。学校可以张贴告示，适当招募学校周边社区群众当运动会的志愿者。志愿者们的积极参与，可以融入运动会竞赛的各项工作，并承担一些琐碎烦杂的工作；

②具体工作：他们可以协助工作人员布置场地，组织运动员进入竞赛场地。竞赛过程中，志愿者们可以参与包括助理裁判、赛会宣传、检录通知、编排报送、维护秩序、为突发事件服务、啦啦队表演等在内的各项志愿服务。

不同运动会赛场的管理

1.大学运动会赛场管理

高校运动会的发展模式，一直是高校探讨的话题。"快乐体育"、"健康第一、终身体育"是学校体育发展的最终目标。学校体育培养的目标是提高全体学生的健康和身体素质，而不仅仅是培养运动员。因此，竞技体育只是学校体育的一部分，学校运动会应该是全体学生共同参与的盛会。

在学生运动会期间，各单位学生应以院系为单位，有组织、有秩序地到场观看比赛，并为运动员加油助威，营造热烈的赛场气氛，使学生运动会真正达到人人参与的目的。各院系同学应该始终以"友谊第一、比赛第二"的态度，去享受运动会带来的最大乐趣。

2.中学运动会赛场管理

中学运动会应以年级和班级为单位，划分方阵，统一组织进行观看比赛，要有专人负责，责任到人，一般应由班主任老师负责管理。各班级在观看比赛过程中，要遵守比赛秩序，进出场要有秩序，争做文明观众，营造热烈赛场气氛。

为了使运动员全身心地投入比赛，后勤服务的同学要为运动员热情服务，为运动员倒水、保管随身物品等。当本单位运动员上场比赛时，可统一喊出口号加油助威。

在观看比赛期间，各班级要进行分块负责，强调卫生意识，减少乱扔垃圾的行为。各班级要积极书写宣传报道稿件，并由班干部负责收集通讯稿件送至广播站，为运动会营造一个良好宣传氛围。

3.小学运动会赛场管理

运动会对于小学生来说，是十分新鲜并盼望已久的事。为了保证会场的秩序，应提早以班级为单位，在各自方阵中坐好，由班主任老师负责管理。在比赛期间，学生不允许随意走动，出入要请假。当自己班级运动员参加比赛时，由班主任带领，有秩序地进行加油、助威。

观众的组织与管理

观众是学校运动会不可缺少的一个重要因素。学校运动会不只是运动员的竞赛，也是竞技竞赛与体育教育、体育宣传相结合的大课堂。而观众是运动会中人数最多的一个群体，也是受教育最重要的一个群体。因此，必须重视观众的参与性。如果没有观众，体育竞赛就失去了它的意义，学校运动会也就失去了它体育教育的意义和举办的作用了。

1.观众区域的划分方法

观众使我们的赛场沸腾，运动员每一次获胜则为这沸腾注入新的

元素。因此，我们不能忽视一个问题。如果为了呐喊、为了助威，使观众都涌向赛场，运动场将混乱不堪，如果每个人都想站在最有利的方位观看，看台上又会陷入混乱。为避免上述状况的出现，应对观众区域进行划分，维持一个良好的秩序。

（1）观众区域划分原则

①组成方阵：大专院校以院系为单位，中等学校以年级为单位，小学以班级为单位依次排好，根据人数，每个院系、年级或班级形成一个方阵；

②处理事务：学生会的成员在两个方阵的旁边形成一个小的方阵和以便处理临时事务；

③全权负责：中小学必须由班主任老师全权负责，防止不安全因素的产生。

（2）观众区域划分方法。可以选择抽签或按去年成绩排列，也可以学校自己安排。

2.观众区域的组织管理

作为学校的一次大型运动会，观众在运动会期间占有很大的比例，为了更好的维持一个良好的秩序，观众区域的组织与规划有着重要的意义。观众主要来自学校的学生、教职员工及校外人员。

①校内观众区：为了便于观众管理及运动会期间的营造氛围，在学生方阵前面布置一排桌子及椅子，以便各院系、班级的领导及老师现场观看竞赛也是一条安全线；

②校外观众区：是专为前来观看运动会的校外人士及学校的退休老教师设立的，每个方阵都应由专门的负责人负责维持秩序；

③后勤轮转区：是为所有运动员及运动会工作者会学生提供服务的区域。后勤服务区主要是为运动会服务的地方，大专院校以院系班级为单位，为运动员做好赛前和赛后的服务工作，中小学的后勤服务

区可根据实际需要和观众席共同布置;

④按顺序轮转:作为学校运动会,分配好观众的区域是十分重要的。划分好观众区域后,观众的位置按一定的时间顺序轮转,有利于观众观看不同项目,也避免有些院系人员和班级学生长时间遭受日晒。中小学应由班主任老师统一管理,要求学生不能随便出入区域或离开座位走动,避免伤害事故的发生,保证运动会的安全。

3.看台区域观众的组织

赛场观众秩序维持在大学一般由每个院系专人负责,在中小学一般由班主任负责管理。赛场观众的整体秩序由各学院学生会派专人负责。

志愿者服务队主要定时去赛场周边收集垃圾,学生则自行清理座位下的垃圾以及周边垃圾,并以此做到责任制度,确保整个比赛过程中具有良好的清洁卫生环境。

为了营造一个有秩序并且生动活泼的运动会氛围,合理地组织并管理好看台的观众是必不可少的。有秩序的看台观众组织管理能在学校运动会期间形成一个良好氛围,并使广大观众积极发挥自身热情投入到运动会当中。

营造运动会的氛围

营造良好的学生运动会氛围,对于发挥运动员水平和提高学生凝聚力,具有很大作用。看台上观众激情的呐喊、整齐统一的助威、鼓舞士气的锣鼓声等,都是青少年学生理性的情绪释放,往往竞争的气氛会在这热闹的气氛下更加激烈。无论是运动员还是观众,往往都会不自觉地心潮澎湃,热血沸腾。总之,任何不和谐因素的出现,都将影响运动会的效果。因此,在运动会期间,应对赛场氛围的营造进行系统地考虑和策划。

1.营造氛围的方法

(1)组织"人浪"。为场内比赛运动员加油,鼓励他们拼搏进取，可通过有组织的"人浪"，一层层延伸，波及全场，影响观众，鼓舞运动员士气。特别是在运动健儿准备上场时，可以团体唱一首激昂的歌，这样既可以减轻他们的压力，也可以激发他们的斗志，在精神上对他们也是一种无与伦比的鼓舞，而且这种出其不意的举动，还可能激发人他们的潜能。

（2）呐喊助威。当运动员经过本单位区域时，组织观众全部起立，通过有节奏地喊口号等方式，为运动员呐喊助威，振奋运动员的精神。学校运动会以热烈和竞争而闻名，运动场上运动员所表现出来的坚韧、拼搏精神是值得赞赏的。当运动健儿在赛场上比赛时，观众应该有气势、有节奏地喊出加油声。当运动健儿们走下场时，无论胜败如何，都应给予热烈掌声。这样既是对下场运动健儿的安慰，也是对上场运动健儿的鼓励。

通过加油助威，能够使比赛更加完美。学生运动会不但是运动员的比赛，更是观众的比赛，看谁的加油声大，看谁的助威气势大，最

终使运动会发展到人人参与其中,能够办成和谐的学生运动盛会。

(3)鼓声助威。挑选鼓手锣手进行专门训练,在运动会竞赛期间,通过锣鼓宣天的热烈方式进行助威。在整个比赛期间,可把锣鼓带到比赛现场。在锣鼓的助威下,运动员会发挥出最佳的竞技状态,并能赛出水平和赛出风格。这样不但可以增加运动员比赛的激情,更能提高观众的观赏兴趣,避免因为长时间待在一个地方而造成一定烦躁心态。

2.啦啦队的组织

啦啦队进行助阵,是运动会的锦上添花,况且啦啦队是体育比赛的一道靓丽风景线。学校运动会由于比赛项目和时间安排等特点,不同于其他体育项目,有其自身的特征。因此,啦啦队的组织表演形式也多种多样,其具体形式有以下几种。

(1)组织啦啦队表演。在本单位看台区域与跑道外沿的空地上,在不影响整个比赛正常进行的情况下,组织啦啦队进行表演。

(2)组织为获奖者喝彩。举行单项颁奖仪式时,可以组织啦啦队沿着跑道的外沿排开,为获奖者喝彩。

(3)组织为运动员加油。长距离项目比赛时,如竞走、长距离跑等,可在5道至8道组织表演,为运动员加油,同时也活跃赛场气氛。

裁判员临场管理和工作小结

1.裁判员的临场管理

要求裁判员做好运动会的临场管理,首先要求裁判员提高对临场管理重要性的认识,增强和深化临场管理的意识,树立敢于负责,敢于要求和敢于管理的思想。

要求裁判员认真学习和研究运动会规则,掌握规则的精神靠规则进行管理,规则是裁判员临场管理的依据。

裁判员要做好临场管理,首先要管理好自己。临场裁判员是比赛

的组织者、管理者，因此，必须要求以身作则，高标准要求自己，模范遵守裁判员守则，要求运动员、教练员做到的，要求裁判员首先要做到，要坚持原则，要公正管理。

要求裁判员注意临场管理的策略和方法，做到科学管理。要想使临场管理达到预期目的，收到良好的效果，必须审时度势，抓住苗头和要害问题，分清有意无意，对原则性的问题，不放过，不迁就，不让步；对非原则性的问题，既不小题大作，又不吹毛求疵，做到实事求是。

要求裁判员注意临场管理时的态度，做到文明管理，既要严格要求，又要态度和气，决不能采取蛮横、粗鲁、训斥、讥笑的态度。

要坚持管理教育与判罚相结合。根据队员或教练员违犯体育道德不良行为的轻重，有时需要提醒，有时需要警告，有时需要教育，有时需要判罚。坚持教育与判罚相结合，是裁判员管理好比赛的重要手段。

2.抓好裁判工作小结

在竞赛期间，每场次比赛结束后，裁判员应主动征求教练员、运动员对裁判工作的意见。裁判长要及时地召开裁判会议，小结本场次的比赛工作，总结经验教训，肯定成绩，找出差距，提出改进办法，从而不断提高裁判水平。

在比赛工作中，对有争议的问题而又无法解决时，应及时地请示或报告总裁判裁决。

做好运动员后勤保障

为了给学生运动员提供一个良好的比赛环境，后勤服务人员要尽心尽力、团结一致，为运动员做好后勤服务工作。后勤服务队在运动会期间，可建立大本营，分工合作、认真负责、齐心协力、相互沟通、共同努力做好整个运动会的后勤服务工作。

1.运动员服装的保障

运动员服装保障组主要负责运动会期间运动员比赛时的运动衣、

跑鞋等的发放、收归、放置等。该组人员要负责看管好运动衣、跑鞋等，清点好服装数量并进行妥善保管。

2.运动员服务的保障

（1）做好告知保障。告知运动员在比赛时间，及时进行检录，避免因贻误检录时间而不能参加比赛告知运动员接下来要参加的竞赛项目及其检录时间。

及时和运动员保持沟通，对比赛中产生的各种问题，进行及时有效地处理和报告。及时告知运动员的竞赛成绩和结果。

（2）做好行动保障。为运动员提供服装、跑鞋、饮用水及咨询服务，最大限度地为运动员服务。

指定物品管理处，为运动员提供一切方便。

对受伤运动员进行及时处治或联系治疗等。

在体育场附近安置休息区，保证运动员正常和充足休息时间。

注意竞赛期间的安全

为了确保学生运动会的顺利开展，保障运动会期间的安全以及事故的有效处理，防止发生突发公共卫生事件和安全保卫事故，确保参赛人员健康安全，应制定一系列的安全工作预案。

1.注意运动员的安全

保证运动员的身体健康，特别要注意参加意外伤害保险。注意天气的变化，预防感冒疾病的发生；做好准备活动，预防运动性的损伤。在临赛前，不可吃得过饱或者过多饮水。在比赛结束后，不要立即停下来休息，坚持做好放松运动，如慢跑等，使心脏逐渐恢复平静。在运动会期间，要配备医疗用品，及时处理运动扭伤、外伤等。

2.注意观众的安全

在比赛期间，学生观众应自觉遵守大会规章制度，维护大会秩序，展现良好的精神风貌，服从指挥，遵守纪律，服从管理。学生入

场后，不许私自离开运动场或进入比赛场地围观，要在指定地点观看比赛，不要随意在赛场中穿行，以免被投掷的铅球、标枪等击伤，或与参加比赛的同学相撞。在运动会期间，各单位应提出纪律要求和注意事项。在运动会期间，各单位的分管领导和辅导员、班主任等都必须坚守在运动场，并随时对有关工作进行组织和协调。

严格学生请销假制度，大、中、小学生运动会应由班主任严格控制请假制度，以免发生意外事故。

竞赛统计与编排记录公告

1.竞赛分数的统计

在运动会比赛期间，及时统计并公布每个单位、每位运动员在各项比赛中的分数，这有利于各单位及时地掌握整个比赛的情况，有利于运动会的组织与管理。

由于学生运动会的特殊性和比赛项目的多样性，所以，在运动会中

分数的统计是一项复杂而细致的工作。因此，该项工作必须安排专人负责，对各单位在各个项目的得分情况，进行及时统计汇总，并将各单位的得分信息、比赛进程及时传达给各单位或代表队的每一位师生。

竞赛统计方法有计算机统计和人工统计两种，一般院系或班级统计分数都用人工统计方法。具体流程如下：

组织学习竞赛规程及相应的计分原则；大学以院系为单位进行统计，中学以年级或班级进行统计，小学以班级为单位进行统计；对记分人员及比赛项目要进行分组分项；各个小组成员必须及时了解所负责的运动项目及运动成绩；得到运动员的成绩，及时将分数累加汇总；在进行团队项目时，要求计分人员到比赛现场负责统计；各小组成员必须及时与运动会编排纪录组统计的分数进行核对；计分人员在每个比赛单元结束后，都要对分数进行统计，发现问题并及时解决。

2.做好编排记录公告

编排记录组在比赛期间，主要收集成绩、记录与公告成绩、编排下一赛次的比赛秩序和编制《成绩公报》等。这个期间的工作要求快速、准确，对有疑问问题，一定要溯本追源，把问题弄清楚，使成绩更确切。

（1）做好成绩收集。收集成绩一般采用"上门收"或"送上门"两种办法。学生运动会因同时比赛项目多，结束时间先后不一，因此，竞赛成绩官派人"上门收"，每赛完一个项目时，便及时将该项参赛的全部卡片收回。

在竞赛期间，一般在该项目比赛结束后，由裁判组记录员将成绩单"送上门"。为了提高工作效率，也可派专人"上门收"取成绩。游泳比赛的成绩由终点裁判汇集交总裁判审核签字后直接交编排记录组。球类比赛成绩一般采用派专人"上门收"的方法，以便及时核对、收回比赛成绩。

收集成绩无论采用什么办法，都必须及时审核，如果发现问题，及时弄清，做到准确无误。

（2）记录与公告成绩。登记成绩首先应仔细审核成绩，检查成绩是否有错，检查名次是否取对，检查加分或名次分是否符合规程要求等，绝不能贪图省事，依样画葫芦地搬字过纸，登记了事。

登记成绩应有明确分工，根据实际需要，要因人制宜地分成"内场"和"外场"两组。田径、游泳比赛的"内场"人员，负责将收集的成绩，按成绩和名次的优劣顺序复写一式几份各种赛次的成绩通知单或决赛成绩通知单。同时将已决赛的成绩、名次和得分，按运动项目和运动员的组别、单位、姓名分别填写在"内场"的名次总纪录表和团体总分表上。

"外场"人员负责对各种赛次的成绩通知单，以及参加下一赛次的运动员名单分别贴在成绩公告栏内。同时将已决赛的成绩、名次和得分按照"内场"的填写办法，记录在"外场"的名次总记录表和团体总分表上。有破纪录时，对纪录的审核应更加细心，成绩是否确切，要与原纪录对照，成绩认可手续要完备，并将上述成绩注明破纪录的情况，标明破哪一级纪录等。

球类比赛成绩的登记一般比较简单，在收到成绩并经审核无误后，在《记录组使用表》和《公告栏张贴表》上分别填上每场双方比赛结果和得分就可以了。但是，足球项目每天需将当天比赛中出现的红、黄牌情况登记入各队备注栏中，并及时累计，如出现下场有停赛的运动员，应及时报告裁判长。羽毛球、乒乓球的单项成绩登记，以及篮足、排足、足球、手球比赛的现场成绩记录，也得根据相应比赛情况做好登记造册工作。

（3）编排列次比赛秩序。对于有后继赛次的项目，应按照竞赛规程规定的录取名额，按照该项竞赛规则的规定，按名次和成绩录取

的办法进行筛选。录取编排后继赛次的比赛秩序，应根据竞赛规程规定的竞赛办法、竞赛项目、报名人数的多少，编排下一赛次的比赛秩序。一般下一赛次分组表一式五份，一份交宣告处，宣告完后转贴成绩公告栏，两分交检录处，供起、终点裁判使用，一份送大会宣传组，一份留底备查。基层和学校运动会份数可酌减。

（4）编制《成绩公报》。将当天或当场比赛的成绩，经收集审核、加工整理后编印成《成绩公报》，规模较大的运动会都要编制，基层和学校运动会可从简。编制《成绩公报》应注意以下几点：

①全面扼要：凡是当天或当场举行的竞赛项目的主要成绩都要反映。采用单循环或分组循环的竞赛项目，最好在每轮比赛后均公报成绩，以帮助了解战局。单项比赛一般只公布前6名或前8名成绩，或只公布参加决赛的名单和破各项纪录的成绩。

②重点突出：凡破各级纪录的，应集中编在第一版或排在首要位置。

③排列有序：如田径运动会成绩，应先排径赛，后排田赛；先排决赛成绩，后排参加下一赛次名单等。

④准确简洁：《成绩公报》不仅数字要准确，而且文字、语句也要简洁。

资格问题与赛纪处罚

1.资格问题的处罚

若在竞赛中发现资格有问题，经自检、自查确认或调查、取证、核实后，视确认、核实的时间及对联赛造成的影响大小，分别给予以下处罚：

（1）竞赛开始后。在竞赛开始后，若查出运动员资格不符，则立即取消该队的参赛资格和所有竞赛成绩。

（2）竞赛结束后。在竞赛结束后，若查出运动员资格不符，则取

消该队的所有竞赛成绩和名次，追回奖品、纪念品，并通报学校。

2.赛纪问题的处罚

为了维护竞赛的正常秩序和严肃赛风赛纪，凡在竞赛中出现赛风赛纪问题的参赛队，按以下规定处罚：

（1）判罚技术犯规。各参赛队教练员临场指挥时，不得大声喊叫、干扰、影响竞赛的正常进行。经裁判组警告无效时，判罚该队技术犯规一次。

（2）取消指挥资格。教练员临场指挥时不得辱骂裁判员，不得辱骂队员，经警告无效时，判教练员技术犯规。若重犯，则立即取消该教练员该场竞赛的临场指挥资格。

（3）取消竞赛资格。凡在竞赛场内、场外打架或动手打人的运动员、教练员将被给予严厉的处罚，即取消竞赛资格及临场的指挥资格。

3.连续违规的处罚

若一个队连续出现"队员资格"违反规定或违纪受处分屡教不止，将根据情况对该队的领队和教练员予以处罚。

校园运动会的筹备工作

制订年度竞赛计划

学校运动会是一项牵涉面十分广泛的复杂工作,为了充分发挥学校运动会的作用,搞好学校运动会工作,就必须对学校运动会做出科学合理的安排,制订详细严密的学校年度运动会计划,以保证学校运动会工作有组织、有计划地进行。

年度竞赛计划是对全校一年竞赛活动的内容、时间所作的全面规划和安排。年度竞赛计划是由体育教研组根据上级有关部门的竞赛安

排和本校工作计划，结合各年级体育教学和课外体育活动的内容，与有关部门协商后制订的。制订年度计划时，既可将全校的所有比赛一起安排，也可按校内外分别安排。

1.年度竞赛计划内容

年度竞赛计划内容一般包括竞赛名称、时间、参加单位、参加人数、主办单位、负责人等。

2.年度竞赛计划形式

年度竞赛计划一般多采用表格式，也有采用文字式的。表格式一目了然，文字式则较为详细。具体采用哪种形式，体育教研组可根据习惯而定。

3.年度竞赛计划要求

在安排学校全年运动会时应注意以下问题：

要从学校的需要与可能出发，在对整个学校体育工作做出科学安排的基础上，安排学校一年的运动会工作。安排竞赛项目时要做到正式比赛项目与传统项目相结合，大型比赛和小型多样比赛相结合，突出重点但不能偏颇。时间安排不宜过分集中，要根据季节气候条件，充分利用节假日。各项竞赛的安排顺序，应以日期先后为准。每项竞赛要提前制订竞赛规程，并将竞赛规程提前发给参赛单位，以便作好准备。

制订竞赛的计划

学校的体育竞赛计划是学校体育竞赛活动的依据。竞赛计划的质量直接影响竞赛管理的效果，因此必须重视竞赛计划的管理。

1.竞赛计划制订原则

（1）从实际需要和可能条件出发。学校体育竞赛计划的制订要根据上级教育、体育行政部门的竞赛计划，本校教育计划的总体安排，本校体育教学、课余训练的要求，本校的体育传统项目和重点项目以

及项目的普及程度，充分考虑学校的规模和场地实施条件综合考虑，全面计划安排。

（2）重点突出与兼顾不同对象。重点突出就是要主次清楚，有全校性的大型运动会，也有年级的单项比赛。学校体育竞赛以增强体质为主要目的，要满足不同年级、不同体育兴趣的学生需要。

（3）做到合理安排时间和次数。时间不宜过分集中，竞赛次数要适宜。要把体育竞赛均匀地分布在两个学期中，重要的运动会可以固定时间，形成传统，其他项目经赛的安排要考虑季节的因素。体育竞赛的次数要适宜，通常是每月都有比赛，如果安排得太多，难免与学校的总体教育计划发生冲突。

（4）安排好各项竞赛的排列顺序。竞赛计划中各项竞赛的排列顺序，应以日期先后为准，列表表示。竞赛计划日程表主要包括顺序、比赛名称、比赛日期、比赛地点、主办单位、参赛单位、参赛人数等。

2.竞赛计划制订程序

为了集中有限的人力、物力、财力，保证竞赛计划的实施，各层次运动竞赛计划必须自上而下地制订。最高层次的竞赛计划，由上级有关业务部门和各单项运动协会根据我国体育运动发展方针、竞赛制度和比赛活动的规律，以及体育发展的实际需要制订，并结合本地区本项目的实际需要，逐级制订运动竞赛计划并组织实施。这样才能保证各级竞赛活动紧密衔接，更好地协调局部与全局的关系，使整个竞赛系统具有统一性和计划性。

3.制订竞赛计划步骤

（1）收集运动竞赛信息。对运动竞赛系统面临的外部环境和内部条件进行全面调查分析，以便科学地确定竞赛目标与任务。这些信息主要包括：

①国家在计划期提出的体育战略目标和有关方针、政策；

②上级竞赛活动的有关安排;

③运动训练的实际需要,包括运动训练水平、运动人才状况及发展规划等;

④推动体育发展的各方面实际需要,如促进有关项目体育活动的开展,观众对有关项目竞赛表演的观赏需求,以及社会各部门、单位、企业等对有关运动项目竞赛的需求等;

⑤国家、地方、部门,以及社会组织的财政力量;

⑥国家和地方的运动设施、场地器材和有关生活设施的建设情况;

⑦有关项目裁判员的水平与数量;

⑧竞赛管理干部的数量和水平等。

(2)明确运动竞赛目标。制订运动竞赛目标,要以全国体育运动竞赛的总体部署及各项体育方针、政策为依据,并使运动竞赛目标建立在客观实际的基础上。一般来说,我国运动竞赛系统各层次的目标主要包括:促进运动技术水平提高,检查训练效果;选拔、组织参加上一层次比赛的队伍;活跃群众文化生活,推动群体活动的开展等几个方面。根据组织竞赛的实际,从这几个方面确定竞赛的具体目标定向,即形成运动竞赛的具体目标。

(3)拟订竞赛安排方案。运动竞赛目标确立之后,就应着手拟订每项竞赛的具体方案,使竞赛目标落到实处。竞赛的具体方案,主要从比赛形式、比赛时间、比赛地点和承办单位,以及比赛规模等若干方面加以考虑。

①确定比赛形式:运动竞赛种类很多,为了完成一定的任务,必须有针对性地选择和确定适宜的竞赛形式。竞赛形式的确定,一般要综合考虑组织竞赛的任务、竞赛范围、参赛者的年龄和竞赛项目数量等。

②确定比赛时间:比赛时间是制订竞赛计划时应考虑的重要因素之一。比赛时间的确定,主要应考虑上一级竞赛活动的日程、比赛的

传统时间、比赛地的气象规律、各类竞赛所需时间及节假日因素等。

③确定比赛地点和承办单位：各类比赛举办地点的选择，直接关系到运动竞赛的效果，应当缜密考虑安排。选择比赛地点时，应考虑场地设施与交通、接待等条件，以及举办地群众的项目兴趣倾向和欣赏水平。此外，还要注意优先安排该项目的重点布局地区，考虑到举办地的经济承受能力。如果是为了准备参加重大比赛而组织的低一层次比赛，还应力图使比赛地与未来重大比赛地点的环境、气候、时差等各方面条件相适应。

④比赛规模的控制：为了提高竞赛效益，应对竞赛规模进行控制。控制比赛规模，应以确保完成比赛任务为前提，严格控制参赛资格和人数，特别要重点控制比赛工作人员的数量。此外，还要注意妥善掌握接待规格和安排比赛礼仪，力求庄重、简朴。

（4）综合平衡，确定方案。综合平衡是运动竞赛计划制订中的重要环节，是提高竞赛计划科学性的必要程序。通过综合平衡使各种比例关系协调统一，可有效提高竞赛计划的整体性。

运动竞赛计划综合平衡主要包括竞赛规模与国家（地方）经济及社会需求之间的协调平衡；竞技体育与群众体育竞赛比例的协调平衡；竞技体育各类项目竞赛、重点与非重点项目竞赛比例的协调平衡；成人与青少年竞赛比例的协调平衡；国际、国内（各级）竞赛衔接的协调平衡；竞赛经费、参加人数、时间、地点等方面的协调平衡；竞赛安排的指导思想与计划具体体现的协调平衡，以及竞赛类别、形式的协调平衡等。经过综合平衡后所确定的较为合理的竞赛组织方案，也就是正式的运动竞赛计划。

校园运动会场地的准备

场地器材的特点

学校运动会场地与器材设施,是学校举办运动会的必备物质条件,必须具备一定的物质条件,才能保证学校运动会的举办实施。学校体育竞赛的物质条件是指竞赛的场所、设备、器材以及组织竞赛所必须的用品等,其中最基本的是竞赛场所。良好的竞赛物质条件,有利于保证竞赛的质量。学校运动会的场地器材一般具有以下特点:

1. 器材科技含量不断加大

高科技材料、国外先进技术的不断引入是学校运动会场地器材不

断发展，满足学校运动会需求的重要因素。

（1）先进理念的引入

①加深认识：使人们加深了学校运动会器材对学生的影响的认识；

②适应学生：以人为本理念的引入，使学校运动会的场地器材符合不同年龄学生的需要。

（2）环保理念的引入

使学校运动会场地器材的布置与管理更加注重与环境的协调一致及对学生健康的影响。

（3）先进技术的引入

①促进发展：使学校运动会场地器材的科技含量不断加大，电子化、程序化、系列化、人性化是目前学校运动会场地器材发展的方向；

②新颖实用：各种新型复合材料、合成材料、合金材料的应用，使体育场地器材更加新颖、轻便、牢固、安全，既增加了使用寿命，也提高了学生参与学校运动会的积极性与安全性。

2.器材配备走向规范化

（1）制订目录。为适应我国教育事业发展，为中小学生身心健康发展提供物质保证，国家教育部制订出各类学校运动会器材设施配备目录。

（2）提出要求。依据地域不同以及办学特色不同的差异，提出了两类选配类器材设施配备要求。

①运动会的需要：选配是根据学校运动会的需要确定的，学校根据实际情况配置；

②拓展教学需要：主要根据学校运动会改革中不断拓展的教学、课外活动的内容与形式以及各学校的传统、特色确定的。这一举措的实施为学校运动会场地器材的规范化配备奠定了政策基础。

3.适应学生身心发展特点

（1）制订标准。教育部完成了适合中小学生特点的学校运动会器材研制，并以国家标准的方式出现，从而有效地促进了厂家研发符合标准的学生专用的学校运动会器材。

（2）同步适应。国家标准的方式出现，避免了学校运动会场地器材成人化、竞技化的现象，保证了学校运动会场地器材与学生身心发展的同步适应性。

4.种类增多且功能丰富

学校运动会场地器材发展很快。

（1）日趋完备。高标准的运动场地配备日趋完备、场地器材设施建设日趋齐全。

（2）新颖格局。学校运动会场地器材将打破相对封闭的格局，改变了以往只有竞技项目场地器材的单调格局。

5.美观和空间的优化组合

（1）同步规划。结合学校发展战略，各类学校均制订出一套和学校发展规划同步的体育设施建设计划，根据不同时期和不同区域的特点逐步实施。

（2）加快步伐。随着各种体育法规的贯彻执行，各地加快了体育基础设施建设的步伐，一是数量多；二是设计新；三是功能全。

（3）发展趋势。学校运动会场地的发展趋势向着更加经济、实用的方向发展，学校运动会场地的规划趋于多功能和优化组合，使场地的灵活性和适应能力更加具备适应学生需求增长及使用功能变化的长期潜力。

学校体育器材分类

国家教育部颁布的《学校体育工作条例》第六章第二十条指出："学校的上级主管部门和学校应当按照国家或者地方政府制订的各类学校体育场地、器材、设备标准，有计划地逐步配齐。学校体育器材

应当纳入教学仪器供应计划。新建、改建学校必须按照有关场地、器材的规定进行规划、设计和建设。"

学校运动会的举办应按照《学校体育工作条例》中的要求,进行场地设施的准备,保证学校运动会在高质量的硬件环境下举行。学校体育器材一般可分为竞赛器材、教学训练器材和一般性器材。

1.进行竞赛的器材

(1)符合规定标准。所谓竞赛器材,关键是必须符合该运动项目规则对器材的要求。

①球类项目:球类项目使用球的重量、直径或圆周、充气量和颜色等必须符合竞赛规则的有关规定;

②体操项目:体操竞赛用的单杠、吊环、跳马、鞍马、高低杠和平衡木等器械,除其规格要符合体操竞赛规则的要求外,质量至关重要,必须能承受竞赛时的运动负荷,保证运动员的安全。

(2)选择使用标准。选择竞赛使用的器材设备,除必须符合竞赛规则要求的基本条件外,还应考虑其耐用程度、使用的方便程度和美观程度等指标。

(3)严格入库制度。必须对购进的器材逐一严格检查,不合格器材不得入库,更不能使用。这一点在举办学校运动会时尤其要严格执行。

2.教学训练的器材

(1)适应教学训练。教学训练用器材是以能适应教学和训练的要求为目的,其种类和数量以满足教学训练的需求为依据。

(2)提高身体素质。现代竞技体育的发展,不仅要求在训练中使用符合规则要求的体育器材,而且还要求有提高学生身体素质的多种训练用辅助器材及设备。

(3)保证器材质量。教学训练器材品种多数量大,必须经久耐用,如田径运动的教学训练器材,一般有杠铃、壶铃、哑铃、沙袋、沙护腿、沙背心、跳绳，各种重量的铅球、铁饼、链球、标枪和实心球，训练用栏架、卧推架、下蹲架、力量训练联合器械、肋木、跳马、垫子、爬绳、跳高架、跳箱、棕垫、投掷挡网等。

3.一般性体育器材

（1）基本概念。一般性器材是指通用性的器材，而非体育竞赛和教学训练的专用器材，也就是说是举办任何活动都离不开的器材。

（2）常见器材。最常见的有桌子、椅子、凳子、扩音器、运输工具、常用的各种修理工具等，这类器材是每个体育场所必须具备的基本物品。

学校体育器材的管理

体育器材的管理，要抓好购置、管理和使用三个环节。

1.把好器材的购置环节

（1）质量第一。器材设备的质量关系到运动员的安全，直接影响教学训练的效果和竞赛水平的发挥，同时也关系到器材设备的使用寿命和效益大小。

（2）深入考察。器材设备的质量决定于生产使用的材料和工艺，所以在购置器材设备时，要对生产厂家和选购的器材进行深入的考察，严格检查质量。

（3）严格把关。对于竞赛用器材设备，更应按竞赛规则的要求，严格把关。尤其应注意检查器材设备上制造厂商的名称、标记或商标，看其是否符合竞赛规则中的有关规定。

2.器材设备的入库管理

（1）登记造册

①验收：进入器材室或器材库的器材，应根据发货单进行验收，然后登记入库，通常采取填写器材登记表的形式登记器材设备；

②内容：登记表应包括器材设备的名称、数量、单价、规格、生产厂家、入库时间和备注等。

（2）分类保管。器材设备的保管多采用分类保管，例如田径竞赛需要的器材通常在器材库内按以下几类分别保管：径赛、马拉松、竞走、跳跃、投掷和共同使用的器材设备，在每类中又可以做更细的划分。

（3）保管方法。器材设备的保管方法必须保证器材设备的质量不受影响。

①规范性：管理工作做得较好的器材室或器材库，在醒目处都有本室存放器材设备的目录和地点，在每一处应有本处存放器材设备的名称和数量；

②特殊要求：每一种器材设备的保管方法应服从于该器材设备的特殊要求，任何器材设备都不能置于露天，受风吹、日晒、雨淋的侵

蚀;

③不变形:跳高和撑竿跳高用的横杆、标枪等器材的保管,必须保证横杆和枪身不变形;

④要干燥:电子设备必须置于干燥的房间内,有的需要保存在有空调设备的房间内;

⑤放架上:多数器材应放在特制的架子上,大型的器材设备可置于干燥的地面上。

3.器材设备的日常管理

(1)建立制度。为管理好器材设备,必须建立清点检查器材设备的制度,固定性设备要根据该设备的特点,制订检查制度。

(2)适时清查。通常对于所有器材设备来说,年终的清查、竞赛前的清查和赛后的清查是必不可少的,清查出不能继续使用的器材设备,要及时维修或报废更新。

(3)维护保养

①方法不同:体育器材设备的维护和保养是管理工作的一项重要内容。体育器材设备种类繁多,又是用各种材料制作的,包括金属、木材、人造革、皮、橡胶、棕、毛、布和化纤材料等。各种材料都有一个维护和保养的问题,而每一种材料制作的器材设备维护保养的方法又各有不同;

②具体方法:为防止用钢制作的器材生锈,有的可以上漆,有的需要上油。为解决木材制品防潮变形问题,有的外表涂油漆,有的采用蜡封。皮革制品必须防潮,也不能置于日光下暴晒,冬季不能放在靠近暖气片的地方,长期保存必须涂保革油。凡用橡胶制作的器材设备要防止加速老化,禁止与油漆接触。凡用塑料制作的垫子,除了防止加速老化外,还要防火。用毛制的地毯,在使用时必须经常用吸尘器打扫,每周至少两次。在干燥季节,要把地毯拿到室外晾晒,清除

灰尘。库存地毯应置于干燥通风处，并放防虫剂。人造革制品要用半干布擦。

（4）安全使用

①安全系数：许多体育器材设备，如单杠、双杠、高低杠、铁饼和链球的护笼等，都有一个安全使用的问题。而这些器材设备，由于使用中有耗损，降低了安全保证系数；

②检验制度：对于这一类的器材设备，应建立严格的定期检验制度，以便及时更换。电子设备不能长期放置不用，每过一定时间应进行试运转。

（5）熟练方法

①科学知识：体育器材设备的管理绝不仅仅是简单地清点数量，做好这项工作需要多方面的专业知识和技能以及相关的科学知识；

②延长寿命：为了用好和管好器材设备，重要的是熟悉器材设备的使用方法，建立规章制度，减少不必要的消耗和损坏，以延长使用寿命。

（6）落实责任

①落实责任：体育器材的管理和场地的管理工作，通常由学校体育教研组负责；

②活动之前：场地器材工作的特点是先开始后结束，即在一项活动之前，先准备好场地和器材设备；

③活动中间：有时在活动中间，还要做现场监督工作；

④活动之后：在活动结束后，又要整理场地，并将器材入库。因此，场地器材工作时间长而且非常辛苦，这就要求场地器材管理人员要有高度的事业心和责任感，尽心尽力。

场地器材布置原则

场地器材布置是指对运动场所规划、安排与定位器材设备、作业空间、物质流程、人的流程、各种管线等，使它们的空间定位达到高效、协调、安全、舒适、美观。

1.实用简洁原则

（1）布置依据。竞赛项目是场地器材布置的依据。

①初步设计：根据竞赛内容、特点进行初步设计；

②合理安排：根据学校运动会的特点、任务、实际情况，对场地器材进行合理安排。

（2）激发兴趣。同时要根据学生年龄、性别、生理心理特点增强学生的参与意识，激发学生的学习兴趣和主动性。

2.经济性的原则

场地器材的布置与管理要尽可能用最少的开支和精力，达到最理想的效果。具体包括开支的经济性、时间的经济性、空间的经济性。

（1）开支的经济性。指用最节省的经费开支取得最佳效果，尽可能开发利用那些不需要多少经费开支的场地器材。

（2）时间的经济性。指尽可能开发利用那些对学校运动会有现实意义的场地器材，而不能一味等待更好的条件或时机，否则就会影响

学校运动会的举办。

（3）空间的经济性。指场地器材要尽可能就地取材，如中小学运动会在经费不充裕的情况下可利用课桌作为裁判桌，将有限的资金用在竞赛器材方面。

3.实效性的原则

（1）对学生发展有利。场地器材的布置与管理是为了目标的有效达成和促进学生的全面发展，因而必须在可能的范围内及充分考虑成本的前提下，针对不同的目标，精选对学生终身发展具有决定意义的场地器材。

（2）不同作用和功能

①不同器材：一般来说，每一种场地器材对于特定的目标具有不同的作用和功能，不同的目标需要不同的场地器材；

②不同目标：由于场地器材本身的多质性，同一场地器材又可以服务于不同的目标；

③掌握特点：场地器材的布置与管理必须在明确目标的前提下，认真分析与目标相关的各种场地器材，认识和掌握其各自的性质和特点，这样才能保证布置与管理的针对性及其实效性。

4.因地制宜原则

（1）有差异性。在场地器材的布置与管理中，尽管资源多种多样，但相对于不同学校和学生，可开发与利用的场地器材又具有极大的差异性。

（2）资源布置。场地器材资源的布置与管理不应强求一成不变，而应从实际情况出发，因地制宜、因时制宜、因人制宜地布置与管理场地器材。

（3）灵活对待。根据学校运动会的规模和类型，侧重点有所不同，如大专院校运动会不论是规模还是经费均大于中小学运动会，因

此实效性原则较中小学运动会要大一些，而中小学运动会则实用简洁、经济性、因地制宜原则要大一些。

学校器材布置要求

1. 赛前提交器材计划

（1）提交表格。各项目主裁判要在赛前一周提交所用器材计划表。

（2）确认签字。必须于赛前1天进行确认签字。

2. 赛前要搞好布置

（1）完成布置。所有项目的竞赛器材均在距竞赛1小时前布置完毕。

（2）符合规定。要求符合竞赛的规定，而且整齐美观。

3. 赛后要搞好撤收

（1）单元结束后。器材撤收工作，在不影响竞赛的情况下一般均在每单元结束后进行。

（2）项目结束后。竞赛项目的器材撤收工作，在不影响本单元其他项目竞赛的情况下一般均在竞赛项目结束后进行。

4. 要安排专人负责。赛场和练习场地器材室，必须设专人值班。

5. 要准备备份器材

（1）提交清单。凡计划中未提出的需用器材要在赛前提交清单，以便补充。

（2）准备充足。大型器材布置时，必须把后备器材准备好以便在发生意外情况时，能及时更换。

校园运动会开幕式策划

开幕式的主要意义

学校运动会的开幕式,对于学校贯彻"德、智、体、美"全面发展的教育方针具有十分重要的意义,主要可概括为以下几点:

1.体育文化教育

宣传树立"健康第一"、"终身体育",进行体育文化教育的课堂。

2.有效活动方式

检阅学生体质和运动水平,推动体育活动,进行集体主义教育、纪律教育的有效活动方式。

3.展示成果平台

展示学校体育教育教学成果的一个平台。

4.展现团队精神

展现院系、班级、集体主义团队精神的一个大舞台。

5.展现精神面貌

是学校师生员工精神面貌的一次展现。

6.检验部门合作

是检验学校各部门通力合作的一项特殊工作。

7.展现组织能力

是展现体育教学组组织大型体育活动工作能力的一个具体体现。

开幕式的主要特征

学校运动会开幕式不是一个单纯的运动会仪式,而是集体育教育、素质教育为一体的综合性的教育活动。因此,学校幕式具有许多自有的特征,概括的讲主要有以下几点。

1.规范性

根据《体育法》、《学校体育工作条例》规定:"学校每年至少举行一次以田径项目为主的学校性运动会",这是我国的教育方针也是学校体育教育的一项法律、法规。因此,学校运动会在举办的制度、基本内容、时间和程序上具有明显的规范性。

2.重要性

学校运动会的开幕式由于是学校每年一度的学校性大型活动,它是学校体育教育的一个重要环节,因此,学校党政领导、学校师生员工全部参加,所以学校党政领导、各级职能部门、教学单位高度重视。同时,学校运动会的开幕式又是学校体育教学部门的主要工作,因此,体育教研组、体育院系更加重视。

3.参与性

学校运动会开幕式是体育教育的一个重要的组成部分,由于学校师生停课参加学校运动会。加之进行各种体育活动以及大型团体操表演等。因此，参加人数之多，参加范围之广是学校运动会的一个显著特征。

4.时间性

在学校运动会召开的时间上，各类学校由于各自教育的特点不同，举办的时间也不同，例如小学运动会一般举行1天至2天，中学运动会一般举行2天或2天半，大专院校运动会一般举行3天或3天半。

5.竞争性

学校运动会开幕式是展现中小学学校班级和大专院校院系团队精神的一个大舞台，无论是入场的队伍还是观众队伍的组织，无论是竞技项目的竞赛还是团体操的表演，无论是广播稿件的投递还是各种宣传活动，无论是团体总分还是精神文明等，竞争都非常激烈，这是学校运动会的又一明显的特征。

6.多样性

（1）具有新意。学校运动会的开幕式，是学校体育文化宣传与体育教育成果展示的平台，仪仗队、裁判员、运动员队伍的入场年年有新意；

（2）形式多样。开幕式的团体操表演规模大、人数多、形式变化多样；

（3）面貌新颖。观众席的队伍人数多、啦啦操新颖且变化多等，充分体现了学校运动会开、闭幕式活动的多样性。

校园运动会开幕式准备

成立开幕式指挥系统

为了保障开幕式既庄严隆重、热烈欢快,又紧凑精练、完满安全,一般应成立开幕式临时指挥系统,负责控制、指挥开幕式各项活动准确、顺利地进行。

1.小型运动会临时指挥小组

小型运动会,由于规模小、人数少,开幕式的组织工作相对简单,可由组委会授命3人至5人,分工合作,组成临时指挥小组具体负责。

2.大型运动会临时指挥机构

(1)组建总机构。学校系统大型综合性运动会,开幕式现场临时

指挥机构一般由大型活动部牵头,组委会及其他部门临时选派有关人员配合组成。

(2)设置分机构。根据需要,可以在总指挥部下设置负责开幕式各项具体工作的分指挥部,比如入场式分指挥部,负责开幕式仪仗队、各代表队队伍、裁判员队伍的组织以及与入场式相配合的奏乐、献花和升旗仪式等组织工作。

①背景台表演分指挥部:负责背景台表演人员的组织及现场指挥等项工作;

②运动会表演分指挥部:负责开、闭幕式各种表演的组织及现场指挥工作;

③运动会宣传分指挥部:负责开、闭幕式运动会现场宣传、新闻发布、记者组织、观众教育及会场环境布置等项工作;

④安全警卫分指挥部:负责开、闭幕式场内外安全保卫、警卫人员配备及交通管理等项组织指挥工作;

⑤嘉宾区分指挥部:负责主席台及嘉宾区的各项组织接待工作;

⑥服务区分指挥部:负责会场所需水电、音响设备、电讯、医疗急救以及各类服务保障工作。

开幕式的准备内容

开幕式前的准备工作,可以说时间紧、头绪多,如果没有一个规范的工作流程,是很难做好各项工作的。因此,一定要制订好工作流程,使工作按照流程有序进行。

学校运动会开幕式的准备工作,主要包括邀请校内外领导与嘉宾,开幕式会场的布置,仪仗队、裁判员、运动员队伍和观众队伍的入场,接待邀请的领导与嘉宾等。

1.精心开幕式方案的策划

(1)规模确定。开幕式,是运动会最早开始的一项大型活动,其

规模和内容可根据运动会的名称和水平来决定。

（2）精密策划。开幕式，因有领导和贵宾出席，有的还要由广播电台和电视台现场直播，为保证其顺利进行和万无一失，对开幕式方案要精心策划，对开幕式的实施必须细心安排。

（3）万无一失。为了保证开幕式时不出现差错，有时还要组织开幕式的预演，包括入场式的预演。

（4）内容全面。开幕式方案通常包括：时间、地点和开幕式程序等。

2.邀请校内外领导与嘉宾

（1）邀请领导与嘉宾。邀请校内外领导与嘉宾参加学校运动会开幕式，是一件重要而细致的工作。邀请方式可以根据具体情况进行，例如送请柬邀请、电话邀请等各种方式。

（2）邀请的人员范围

邀请的人员主要应包括以下几个方面：

①教育主管领导：学校教育主管上级部门领导；

②体育主管领导：学校体育主管上级部门领导；

③相关部门领导：学校教育相关部门领导，共青团、工会等部门；

④学校全体领导：包括已退休的原校领导；

⑤部门的负责人：学校有关部门的负责人，根据各学校具体情况确定；

⑥退休体育教师：体育教研组的退休老教工等。

3.做好开幕式会场的布置

学校运动会开幕式会场的布置，应按照隆重、热烈、节俭的基本原则进行布置，还要不断创新。开幕式会场的布置一般主要包括三个方面。

（1）主席台的布置

①台上物品：主要包括运动会主徽标的布置，主席台盆花的摆

放、桌椅与桌签的摆放、秩序册、宣传资料与饮用水的摆放、广播设备等；

②悬挂物品：赛场还应悬挂竞赛全称的横额，四周可插上彩旗，并适当布置一些鼓动性的大标语。除重大竞赛外，一般不举行升旗仪式，不悬挂国旗、国徽。

（2）观众区域布置

①座位划分：学生班级与教工座位地点的划分；

②位置安排：运动会宣传版的制作与摆放，宣传横幅与彩旗的布置，各单位啦啦操的表演位置安排等。

（3）会场内外布置。主要包括：

①整洁环境：会场内外的环境卫生；

②购置地点：饮用水与冷饮的购置地点；

③门卫管理：运动会会场门卫管理；

④车辆管理：机动车与非机动车的指挥与停放地点；

⑤地点设置：运动员检录与休息地点的设置等。

4.开幕式入场的准备

开幕式入场的准备，主要是指集合参加开幕式的入场队伍，这主要包括仪仗队、裁判员、运动员队伍和观众队伍两部分。

（1）观众队伍。一般以院系或班级为单位，按照划分就座区域提前30分钟整队进场入座，观众队伍一般由院系、班级或年级负责组织。

（2）赛会队伍

①时间要求：一般要求按指定地点，提前30分钟整队集合准备入场，开幕式前10分钟应整队完毕，等待入场；

②突出主题：入场队伍的引导牌、花束、红旗要整洁，宣传牌文字、图案要规范，内容要突出运动会主题；

③组成方阵：仪仗队、裁判员、运动员队伍一般由运动会安排的体育教师或有关人员负责组织指挥，入场一般可按下列顺序进行，即国旗方阵，校旗方阵、本届运动会徽或宣传牌组成的方阵、花束或气球等组成的方阵、红旗或彩旗组成的方阵、鼓号队或管乐队组成的方阵、裁判员组成的方阵、运动员组成的方阵；

④顺序排列：运动员队伍入场先后顺序的排列一般有两种方法：一是中小学按年级、班级顺序入场；大专院校按院系拼音或英文首字母顺序排列入场。二是按上届学校田径运动会团体总成绩排列入场，成绩第一排在前或倒序排列均可。

5.接待好领导与嘉宾

接待领导与嘉宾，一般应注意做好四个方面的工作。

（1）车辆引导。做好领导与嘉宾乘坐车辆的引导、停放的指挥。

（2）安排休息。由运动会礼仪人员将领导与嘉宾引导到休息室休息，准备进入主席台。

（3）引导就座。将领导与嘉宾引入主席台就座。

（4）安全保障。做好各项安全保卫工作。

开幕式的程序与主持

学校运动会开幕式的主持，一是要庄严，二是要热烈，三是要有序。因此，主持人一定要熟悉开幕式的各项准备情况，并要掌握开幕式议程的各项程序，同时应采用标准的普通话进行开幕式的主持。

庄严隆重、主题鲜明、精彩新型和气氛热烈的开幕式，往往能产生良好的宣传、教育、鼓舞、振奋人心和愉悦群众的效果。成功的开幕式对扩大社会宣传，提高体育在社会生活中的地位，起着积极的作用。不同规模、不同特点和不同任务的赛会，开幕式的程序可以有所不同。

1.开幕式议程

学校运动会的开幕式议程，一般应包括以下基本内容：

（1）开始。宣布开幕式开始。

（2）入场。宣布仪仗队、裁判员、运动员队伍入场。

（3）升旗。升国旗、奏国歌。

（4）介绍。介绍出席本届田径运动会的领导与嘉宾。

（5）致词。致开幕词。

（6）宣誓。运动员、裁判员宣誓。

（7）退场。裁判员、运动员退场。

（8）表演。团体操表演。

（9）竞赛。竞赛开始等。

2.宣布运动会开幕式开始

由主持人宣布运动会开幕式开始。开幕式主持词一般格式为：

各位领导、各位来宾、全体运动员、裁判员、同志们、朋友们：

××运动会,历经××时间的筹划、组织、实施,前期准备工作及预定部分竞赛已经完成。今天在这里举行开幕式。

现在,我宣布:××运动会开幕式现在开始。

请各代表队入场!

3.仪仗队、运动员、裁判员入场

入场式队伍由仪仗队、运动员、裁判员组成。

(1)队伍形式。入场式队伍一般以国旗、会旗或会徽为前导,后接彩旗队或花束队,然后是裁判员队伍和在引导牌或单位队旗引导下的各代表队。

(2)队伍顺序

①笔划为序:各代表队的先后排列顺序要事先规定,一般按笔划为序或按秩序册上代表队排列的先后为序;

②最后入场:东道主队伍一般在最后入场;

③设置标志:各队站立位置以及相隔的距离,事先应设置标志。

(3)注意事项。仪仗队、裁判员、运动员队伍入场,主要应做好以下工作:

①服从指挥:负责仪仗队、裁判员、运动员队伍入场的人员,要密切服从运动会的指挥,保证入场式的队伍准时进行入场;

②体现面貌:引导员要体现出朝气蓬勃的精神面貌与气质,并要注意引导队伍行进的速度与距离;

③落位准确:仪仗队、裁判员、运动员队伍入场要精神抖擞、口号要雄壮,保持好行进距离与节奏、入场的落位地点要准确;

④解说得体:入场解说词要简洁并要有重点,解说时音量与进行曲音乐要协调,音乐声音应小于播音的声音;

⑤报道技巧:摄影、摄像、网络直播时要注意特写与全景信息的

采集和安排；

⑥合适距离：负责入场队伍指挥的人员，要协调好整队、入场、到达指定地点的各项协调工作，入场的位置与主席台应保持一个合适的距离。

4.升国旗、奏国歌

升中华人民共和国国旗、奏中华人民共和国国歌是学校运动会最庄严、最具教育意义的一个环节，主要应做好以下几点。

（1）提前准备。国旗队的出列地点、行进的时间与距离要掌握好，原则上从国旗队出列到升旗结束控制在3分钟以内为宜。

（2）时间准确。国旗队的升旗与运动会广播音乐的配合要严谨，防止脱节现象的出现。

5.介绍出席开幕式领导与嘉宾

介绍出席运动会开幕式的领导与嘉宾，一定要先了解好各自的单位、职务等情况，一般应遵循以下几个原则：

（1）介绍上级领导与嘉宾。先介绍应邀的上级主管单位的领导与嘉宾，一般以职务高低确定介绍的顺序。

（2）介绍学校领导与嘉宾。介绍本单位领导与嘉宾，一般以职务高低确定介绍的顺序。

（3）就座座位的顺序排

列。上级领导、重要嘉宾座位的顺序排列，一般以中心位置为基准，根据邀请领导与嘉宾的职务与影响力等情况为依据左、右、左、右依次进行排列，即以中心位置为准，面向田径场，偶数在主席台的左边，奇数在主席台的右边。

6.致开幕词

学校运动会，一般应由校长致开幕词。开幕词一般应包括以下内容：

（1）肯定与谢意。对全体裁判员、运动员、工作人员所做工作的肯定与谢意。

（2）强调的工作。对体育教育工作重要性的强调。

（3）回顾与总结。对本单位一年体育工作开展情况的简要回顾与总结。

（4）提出的要求。对裁判员、运动员、工作人员在本届运动会上的要求。

（5）希望与祝愿。对本届运动会的希望和预祝本届田径运动会圆满成功。

7.进行宣誓

（1）重要环节。宣誓是学校运动会开幕式的一个重要环节，也是对广大师生员工进行素质教育的一项重要内容。

（2）宣誓对象。宣誓包括运动员宣誓和裁判员宣誓。

（3）有代表性。运动员、裁判员宣誓代表应选择德才兼备的运动员与裁判员，要具有代表性。

（4）有感染力。宣誓时要采用标准的普通话，要有较强的精神和语言的感染力。

8.宣布开幕

（1）确定宣布人员。宣布开幕，一般由邀请的上级主管领导或嘉宾进行宣布。

（2）形成气氛高潮。宣布后可根据学校情况，放飞气球、播放音乐等，使赛场气氛达到开幕式的高潮。

9.仪仗队、裁判员、运动员退场

（1）迅速有序退场。仪仗队、裁判员、运动员队伍退场时，广播应播放音乐并强调要按照确定好的退场路线迅速、有序地进行退场。

（2）时间尽量缩短。退场的线路尽可能地要多一些，以便使用较短的时间进行退场。

（3）防止事故发生。退场时应注意安全，防止挤踏等意外事件的发生。

10.表演节目

（1）进行文娱表演。学校大型运动会通常也是文娱表演的盛会，一般要组织音乐、舞蹈、戏剧、杂技、模特表演等文艺形式，一定要做到丰富多彩。

（2）精心组织排练。文娱表演一定要在举行运动会之前1个月拟好节目单，并组织排练。

（3）突出内容特色。文娱表演当然要突出体育的特色和地方的特色等。

（4）注意控制进度。还要注意适当控制时间和节奏。

104. 校园语言类活动策划指导

校园辩论活动学习指导

辩论赛的准备

辩论赛是许多学生喜爱的一项侧重于人们言辞表达能力的比赛。然而,不少年轻的学生,虽参赛热情很高,却由于缺乏一定的辩论赛知识,或赛前不懂如何正确准备,或赛中不得要领,初次上阵便遭受挫折。因此,对初学者来说,掌握一些辩论赛的基本入门知识显得十分必要。

1. 认识准备

所谓认识准备，是指参赛队员在赛前对"辩论赛"的性质和特点要有所认识。辩论赛是一种作为比赛项目来进行的模拟辩论，就是辩论演习。这种辩论往往不问辩论者本人的立场和主张，而侧重于人们的辩论技巧的比赛。比赛双方都不准备说服对方或被对方说服，而以驳倒对方、争取评委的裁决和听众的反响来击败对方。

因此，这种比赛有以下三个特点：一是辩论的题目、辩论的程序、发言的时间等，都是由辩论赛的组织者所决定，参赛者必须按规定进行辩论，不能随意改变。二是比赛胜负标准，包括立论、材料、辞令、风度以及应变技巧等综合因素，胜负由评委根据标准及主观印象进行裁定。三是辩论时，只能针对对方的观点和理由进行攻击，而不能涉及对方的立场和人品。

初赛者了解了辩论赛的这些性质和特点，就不会在比赛中，在思想和方法上与日常争辩相混淆。

2. 核对准备

某队初次参加辩论赛，到正式辩论时，他们突然发现黑板上写的辩题为"当今青年一代是否缺乏社会责任感"，而他们事行准备的辩题却是"当今青年学生是否缺乏社会责任感"。某队经过初赛、复赛进入了决赛，在决赛开赛前，突然听到比赛主持人宣布各方允许发言时间比初赛、复赛时增加一倍，而他们事先却按初赛、复赛规定的时间准备辩词。更有甚者，进入赛场后，双方才发现谁为正方、谁为反方都未搞清楚。

凡此种种，都是由于初赛者缺乏经验，在事先准备过程中缺少仔细核对有关比赛事项这一环所造成的。

3. 立论准备

辩题被明确无误地确认后，参赛队员就可以根据辩题，共同商

量,研究确立一个最有利于本方论证的具体的总论点。所谓最有利于本方,就是指该总论点不仅观点正确、旗帜鲜明,而且用于进攻,能攻破对方任何的立论,用于防守,能抵挡对方的任何攻击。能不能确立这样一个总论点,是一次辩论赛准备的成败关键。

因此,尽量设法站在一定理论高度,对辩题作出有利于本方观点的界定,以获得大多数听众的"公认",是极为重要的一环。

4.试辩准备

如同其他比赛一样,辩论队要想在正式比赛中获胜,一定要在正式比赛前,搞一次尝试性的比赛,以检验自己的赛前准备是否经得起实际的考验。

为了达到检验的效果,试辩条件和气氛要尽量搞得逼真些,这就需要在正式参赛队员进入准备阶段的同时,应有一支与之实力相当的假设"对方"也进入准备阶段,并且双方都应处于"保密"状态。不过,为了增加正式队员的一些难度,正式队员应故意泄露些立论方面的要点,来吸引"假设对方"作有针对性的进攻准备,用之在试辩中检验参赛一方的立论和战略战术是否能奏效。

试辩的另一个意图,是让参赛队员进入角色。前面已经说过,辩论赛的最大特点就是辩题观点不一定与辩论者本人最初的观点相一致,就像某些演员本身的性格与剧中人的性格不一致一样,需要深入生活,深入实践,才能进入角色。

辩论赛的战术

辩论本来是一种探求真理的手段。什么才是辩论赛的战术呢?它是能够在许多不同的辩论赛中应用的,具有同样效果的技巧方法。

1.规范发言的战术

规范发言是一场辩论赛的基础,没有规范发言,自由辩论无从展开。辩手的演讲水平、形象风度也能在规范发言中得以充分体现,当

然，最重要的还是要把本方的逻辑说清楚，使本方处于一个进可攻、退可守的位置。

（1）正方一辩的发言时间控制。正方一辩是整场辩论的第一个发言者，他没有驳斥的对象，要做的只是把事先准备好的稿子认认真真地念好。不过，如果能在念出最后一个字时，恰恰时间结束的铃声响起，可收到先声夺人之效。这一点极难，在几十场辩论赛中，只有几人能做到，而且也纯属运气，所以不必强求。

（2）控制驳论的比例。除正方一辩外，其余辩论队员都面临着如何在发言中，处理驳论与立论的关系，初学者易犯的毛病：一是明明听到对方漏洞百出，却不知从何下手，好像武学中的全是空门，竟然成了没有空门；二是知道应该驳斥哪一点，一站起来就面红耳赤，恨不得一棍子把对方打死，但是由于无法有效地组织语言，说起来吞吞吐吐，观众看了都替他着急。

（3）语言通俗化、口语化。初看辩论的人可能会觉得，那些辩论稿满篇都是听不懂的新名词的辩手才是高手，其实恰恰相反。前面已经说过，辩手经过准备之后，对辩题的理解往往比评委深刻，这时，既要深入，又要浅出。发言时，要避免使用专用术语，即使用，也要作说明，此外，要多使用比喻、举例、排比等手法。

如果能在发言中以幽默的语言，或大义凛然的陈词引起观众的笑声和掌声，对评委会产生较大影响，这一点也同样适用于自由辩论。

（4）概念的模糊和清晰。其实不光是概念，很多场合都需要模糊的语言，让对方找不到靶子，这似乎和第3点有点矛盾，但第3点指的是一般情况，而这里指的却是特殊情况。

概念模糊化目的是为了防守，这种概念的本意对己方是不利的，又或者无法定义精确。

（5）煽情。煽情是辩论中的常用战术，自由辩论中也应用颇多，但由于自由辩论中，个人发言时间很短，使这种战术的应用受到限制。大规模煽情一般出现在规范发言中。

煽情时首先要投入感情，可谓慷慨激昂之时，声嘶力竭；沉痛哀伤之处，气若游丝。但也要注意不可过火，以不影响自己发言为度，切不可泣不成声，拍桌子，等等。煽情内容也要注意有逻辑性，比如"法治能消除腐败"中，反方在对腐败问题痛心疾首之后，说"腐败如此严重，单靠法治独木难支"是有效的。而在"应该鼓励购买私人小汽车"中，反方大谈农村失学严重，去煽希望工程的情，就有点风马牛不相及了。

（6）豹尾。以往发言稿结尾都比较平淡，往往是把本方论点重复一遍，自从《狮城舌战》出版之后，很多辩手模仿复旦四辩，在结尾以一句气势宏大的名言、俗语、诗词来结尾，这值得一试，但要注意，这句话必须和论点密切相关，而且一般由一辩和四辩来说。

2.自由辩论的战术

自由辩论是整场辩论赛中最重要的一个阶段，大多数评委是根据

自由辩论的胜负来决定比赛的胜负的。正因为有了自由辩论，辩论和演讲也才有着质的区别，这么说是毫不过分的。

辩论赛的小技巧

1.运用假材料

无论在规范发言还是在自由辩论中，都需要运用大量材料，可是合适的材料不容易找到，往往只能编一些假材料，包括数据、实例等。运用时要注意两点：一是材料要尽可能编得合情合理；二是不可心虚，要理直气壮地用。另外，在校际比赛中，应禁用假材料。

2.妙语脱困

如果时间充裕，应事先准备好一些在很多情况下都能使用的妙语。在自由辩论中，不要急急忙忙把这些妙语抛出去，而应该用在本方最困难的时候。

如"温饱是谈道德的必要条件"。

正："对方一直回避这样的问题，超道德行为到底是不是道德行为？请对方回答。"

反："超道德当然不是道德。但如果按照对方的逻辑，那么裴多菲的《自由与爱情》诗大概就得改成：'爱情诚可爱，自由价更高，若为温饱故，二者皆可抛了。'"（笑声、掌声）

正方前面已充分论述了超道德不是道德，反方在回应一句以后，如果转入其他问题，总是有气弱之感，这时抛出事先准备的妙语占了上风。这句妙语几乎在自由辩论的任何时候都可以用。

这里还有另一个战术，超道德本来是一个伪概念，但反方并不去论述超道德其实也是道德，而是大胆承认了对方的观点，这是因为承认后对反方的论点并没有什么影响，相反，如果硬着头皮去说清楚，

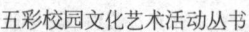

就要费太多的口舌了。

举一个大胆承认的例子。如"烟草业对社会利大于弊"。

反:"对方老是说烟草业能上缴多少利税,能创造多少经济利益,难道要等到我国经济发达后,才来取缔烟草业吗?"

正:"当然如此。"(停顿)

反:"那你们将千千万万人的生命置于何地?"

正:"我再提醒对方,吸烟只是会对人的身体健康造成一定影响,而这是经济发展过程中,不得不付出的代价。"

在这个例子中,正方成功地运用大胆承认的战术,打乱了反方的阵脚,相当得分。

3.连续提问

也叫连续进攻,主要是指临场与队友的配合。而这里的连续提问可以在事先准备好。如"烟草业对社会利大于弊"。

反:"对方同学承不承认,烟草业是社会失灵的产物?"(停顿)

正:"对方还没有告诉我们,你们的利弊标准是什么?"

反:"这一点我方早已论述,我再请问对方,你们究竟承不承认烟草业是市场失灵的产物?"

正:"事实胜于雄辩,如果烟草业对社会是弊大于利的话,那为什么我国还要嘉奖云南玉溪卷烟厂,难道是表扬他们多杀人吗?"

反:"看来对方同学没办法回答我方的问题,那我再问一个更简单的问题,烟草业是不是一个外部不经济的行业?"

明知对方不太了解经济学方面的知识,有意提出这类问题,连提

两次后,对方仍然回避,如果重复第三次,好像显得本方只有这么一个问题,这时候转向一个类似的问题,巧妙。

要注意两点,不能提问过多。别人听不懂的问题,偶尔一次是战术,多了会被人误认为在破坏辩论。对关键性的,不能由别的问题代替的提问,可以重复多次。这种情况不多,一般总能找到几个类似的问题。

4.攻击对方过激行为

在辩论中,对对手要保持一种尊重客气的态度,不可出现人身攻击的语言,也不能与队友大声谈笑、拍桌子、踢腿,等等。如果对方有人身攻击的语言,可以这样说:"对对方同学刚才的措词,我方表示遗憾……",如果对方有很不礼貌的行为,可以这样说:"在严肃的辩论场上,对方同学刚才却很不严肃地(拍桌子……),我方对此表示遗憾。"切不可针尖对麦芒,把辩论场变成吵架场。

校园演讲活动学习指导

演讲比赛的准备

1.演讲的准备

不要指望几分钟的演讲能起到翻天覆地的作用。用最自然的方式表述，听来要让人思考半天才能明白的词语别用，让人费解或可能使人误解的观点别说。

拿到演讲稿，一定要按比赛时的速率试两遍，确保不超时，千万

别存侥幸。对演讲稿尤其是对别人写的稿子要反复读，背下来只是最低要求，你必须对稿件中的每一个标点的由来都了然于胸。

尽可能地预先到演讲场地，熟悉环境设施。如有可能不妨到台上喊上几嗓子。搞清楚是哪些是评委、哪些是听众。预先演练好如何上下场。几步可以到话筒，在哪儿鞠躬。

如果话筒高度不合适，

主办方安排专人调整的比赛，应在上台前就示意工作人员调整，如无专门人员调整，自己应知道如何调整，不可胡乱吹吹打打。

如果可以看讲稿的比赛，最好不带讲稿。一定要带，记住讲稿最好是单面打印。练习用正常语调、最大的音量清楚地完成演讲。别指望到时变腔变调、装猫变狗吸引人。

2.场前准备

举止务求自然。愉快地接受领队教练或亲朋的鼓励。比赛前一夜睡个好觉。向尽可能多的听众问候，包括老朋友，也包括新面孔，对你在赛前看到的每一个人微笑，比赛时他们会还给你最宝贵的鼓励。

要像准备对全世界演讲一样准备你的演讲。当你的名字被叫到时，慢慢地站起来，以正常的步幅走向演讲台。想象一下你的恋人或你心仪已久的人就坐在台下。想想你的朋友正向你欢呼、想想你曾有的成功。

揽镜自顾，"画眉深浅入时无"，但这里的"时"应是演讲比赛的标准。不要穿戴任何花里胡哨的服饰。花边类的服饰等会转移大家对演讲的注意力。把服装里的东西掏空。尤其是可能发出声响的手机或可能露出来的讲稿，等等。

别试着预先准备手势。放松面部肌肉，让脸上的微笑来自内心。别让头发垂到脸上；你必须给人清爽利落的印象。临演说前可以含薄荷味或咖啡质的口香糖，但上台前3分钟必须吐掉，清空你的嘴巴。

可以做一些深呼吸。自我伸展，并想象你比实际要高，正在天空翱翔，俯视着大地的芸芸众生。如果你的演讲被安排在午后，中午睡上一觉，会给你的精神加分不少。

场内正比赛，就不要还在会场外的走廊或卫生间里背稿子。要尽可能的多听先讲的人演讲。试着以端坐不动的姿势放松10分钟。

3.比赛之中

相信你是在作最一流的演讲。你就是大家期待的一等奖的得主。笑得自然。鞠躬致意—站到话筒前—深呼吸—放松—微笑—开始，把烂熟于心的讲稿讲出来。

用目光和观众说话，先从那个你感到最亲近的人开始，用目光告诉他，你感谢他的关注，然后，把所有的听众都当成你的大哥大姐。不要忘了用你的目光和表情让评委们感觉他很重要。

可以用长停顿，但以不让人误解为忘词为界。对场内听众的噪音点可用目光恳求他们停止，如果无效，抬起你的目光，不去管他，继续你的演讲。最后的那句"我的演讲结束了"或"谢谢"，万不可说得随意，草草首场。它是你演讲中重要的台词。高贵地离开讲台。

演讲稿的写作方法

演讲稿也叫演说辞，它是在较为隆重的仪式上和某些公众场所发表的讲话文稿。

演讲稿是人们在工作和社会生活中经常使用的一种文体。它可以用来交流思想、感情，表达主张、见解；也可以用来介绍自己的学习、工作情况和经验，等等；演讲稿具有宣传、鼓动、教育和欣赏等作用，它可以把演讲者的观点、主张与思想感情传达给听众以及读者，使他们信服，并在思想感情上产生共鸣。

1.演讲稿写作准备

演讲要有题目，选择什么样的题目来演讲这是演讲者和听众共同关心的问题。题目是演讲者和听众的一个媒介。听演讲不同于读文章、看报。不感兴趣的文章、不愿看的报纸可以随时搁下不看。在人数众多的集会场所听演讲，如果遇到不感兴趣的讲题，也不好随便退场，只能硬着头皮去听，这就成为一种负担。

为了不尴尬，听众往往根据演讲的题目选择感兴趣的演讲。正因为如此，演讲的选题很重要，在很大程度上决定演讲的效果。那么选择什么样的题目才是恰当适宜的呢？可从如下几个方面着眼：

（1）人们普遍关心的话题。这是指在一定时期和阶段，在一定领域中，与广大群众利益息息相关的、关系国家繁荣富强的、社会主义物质文明精神文明建设中迫切需要解决的话题。如振兴中华、探讨人生的价值和理想、畅谈历史责任和抒发爱国情怀，等等。把这类话题作为选题重点，运用科学的解释，提高人们的思想认识，调动广大群众的积极性。

（2）传播科学文化知识的话题。这类选题极为广泛。从大的范围来说，可以是自然科学、社会科学、哲学方面的知识；就某一学科领域来说，可以是历史知识、文学知识、社会学、经济学、国学知识，或是有关最新的科学成就、未来新科学的展望，等等。从这些方面选题，可以开阔听众的视野，提升他们的智力，使他们从心底里产生强烈的求知欲。

（3）听众感兴趣的话题。就是指听众普通关心、经常议论的生活、学习、工作上的话题。比如青年，他们普遍关心、议论的是理想前途、青春价值、成才之路、婚姻恋爱、家庭生活等。结合他们的实际选题，就会引起他们的兴趣。兴趣是在人们需要和实践活动中产生和发展起来的，没有需要就不会产生兴趣，因此，必须选择听众需要的话题。

（4）亲身经历的话题。个人的体验比空泛的理论更受听众的欢迎。听众对个人的生活经验，富于个性的见解，如何在各种处境中克服困难，抱有兴趣，并会产生强烈的反响。这是因为亲身经历的话题，是自己最熟悉的，印象最深刻的，把使自己都会激动不已的生活片断作为话题，听众也会倍感亲切和激动。

2.演讲的目的

演讲的目的是演讲者追求达到的那个方向，追求达到的那个结果。如果目的不明确,追求的方向、结果就难以实现,这样的演讲也就毫无意义。

所以,写演讲稿必须明确目的,以避免演讲的随意性,从而使演讲发挥它的社会功能。演讲的目的是:说服听众改变行为;传播知识或信息;激起听众的共鸣和使其理解;让听众感到愉快;了解听众的心理。

听众是演讲活动中不可缺少的有机组成部分,没有听众就无所谓演讲。听众在整个演讲活动中是活跃的、积极因素,不能把听众视为被动的信息接受者。听众在接受信息时要对演讲者传达的信息进行过滤、筛选。在选择中有所取舍,有所改变,然后形成新的信息。任何听众对演讲者传递的信息,都不会是全盘接受,总是有所取、有所不取,甚至持有异议。

3.演讲的内容

演讲者的演讲内容要考虑听众的需要,了解、研究听众的心理,

使演讲的内容与听众接近和相容。听众在听演讲时，他们的心理活动表现在如下几个方面：

（1）希望提供解决疑难问题的知识、态度和方法。听众听演讲的目的，在于满足与自己息息相关的知识、信息的需要。对于生活、工作、学习中的问题，希望能在听演讲中得到解答。演讲者就要把听众最关心的事情写进演讲稿。

（2）希望能有感情上的共鸣和相互理解。听众对演讲者所阐述的观点、结论，希望能与自己的某些看法或结论，得到首肯或印证。演讲者在演讲时，就要对听众从各自的立场对演讲的反应做出诚恳的评价，肯定听众的想法，赞扬他们提出不同的意见，摸清与听众的共同点，来进行思想感情上的交流。不能轻易地用"不"来否定听众的看法。这样就能产生情感上的共鸣和相互理解。

（3）听众希望自身受到尊重。良好的沟通是彼此互相尊重。听众希望演讲者尊重自己。如果受不到尊重就会产生反感。为此，演讲者要平等待人，不要自以为是，要以诚待人，谦虚谨慎。

演讲者在准备写演讲稿时，能掌握听众的上述心理特点，就会收到预期的效果。

4.演讲稿的写作要求

（1）了解对象，有的放矢。演讲稿是讲给人听的，因此，写演讲稿首先要了解听众对象：了解他们的思想状况、文化程度、职业状况如何；了解他们所关心和迫切需要解决的问题是什么，等等。否则，不看对象，演讲稿写得再花功夫，说得再天花乱坠，听众也会感到索然无味，无动于衷，也就达不到宣传、鼓动、教育和欣赏的目的。

（2）观点鲜明，感情真挚。演讲稿观点鲜明，显示着演讲者对一种理性认识的肯定，显示着演讲者对客观事物见解的透辟程度，能给人以可信性和可靠感。演讲稿观点不鲜明，就缺乏说服力，就失去了

演讲的作用。

演讲稿还要有真挚的感情，才能打动人、感染人，有鼓动性。因此，它要求在表达上注意感情色彩，把说理和抒情结合起来。既有冷静的分析，又有热情的鼓动；既有所怒，又有所喜；既有所憎，又有所爱。当然这种深厚动人的感情不应是"挤"出来的，而要发自肺腑，就像泉水喷涌而出。

（3）行文变化，富有波澜。构成演讲稿波澜的要素很多，有内容，有安排，也有听众的心理特征和认识事物的规律。

如果能掌握听众的心理特征和认识事物的规律，恰当地选择材料，安排材料，也能使演讲在听众心里激起波澜。换句话说，演讲稿要写得有波澜，主要不是靠声调的高低，而是靠内容的有起有伏，有张有弛，有强调，有反复，有比较，有照应。

（4）语言流畅，深刻风趣。要把演讲者在头脑里构思的一切都写出来或说出来，让人们看得见，听得到，就必须借助语言这个交流思想的工具。因此，语言运用得好还是差，对写作演讲稿影响极大。要提高演讲稿的质量，不能不在语言的运用上下一番功夫。

（5）认真修改，精益求精。从事任何文体的写作都要重视修改、认真修改、精心修改。写作演讲稿自然不能例外，如林肯在接到要他作上述演讲之后，在指挥战争、掌权国事的情况下，亲自起草演讲稿，并把演讲稿念给白宫的佣人听。直到演讲的前一天晚上，他还在旅馆的小房间里再次推敲、修改这篇演讲稿。

再如，1883年3月14日，马克思与世长辞。恩格斯作了《在马克思墓前的讲话》的著名演讲，演讲草稿是这样开头的：

就在16个月以前，我们中间大部分人曾聚集在这座坟墓周围，当时，这里将是一位高贵的崇高的妇女最后安息的地方。今天，我们又要掘开这座坟墓，把她的丈夫的遗体放在里边。

作者考虑后进行了修改，写成：

3月14日下午两点3刻，当代最伟大的思想家停止了思想。让他一个人留在房里总共不过两分钟，等我们再进去的时候，便发现他在安乐椅上安静地睡着了—但已经是永远地睡着了。

两者比较，后者入题较快，演讲一开始就抒发了对逝者的无限敬爱和万分惋惜的心情，使现场的人们也沉浸在对马克思的缅怀与崇敬之中。正是这种认真的态度和精心的修改，才为他的每次演讲的成功提供了有力的保证。

5.演讲稿的结构

从内部结构来说，演讲需要形成或创造现场的情绪氛围，所讲的内容应该较为集中，通常一篇演讲稿最多只能讲两三个问题，而且这两三个问题还得很紧密地在逻辑上串连起来，以层层推演的方式，一环扣一环地展开。演讲稿的结构分开头、主体、结尾3个部分，其结构原则与一般文章的结构原则大致一样。

（1）标题。多为主题句。

（2）称谓。各位老师、同学们……

（3）开场白。类型：开门见山，提出问题；采用设问式；还有借题发挥，或者表示感情等。

（4）结束语：强调主题、或抒发感情、或展望未来；表示态度；表示感谢。

校园朗诵活动学习指导

朗诵前的准备

朗诵是朗诵者的一种再创作活动。这种再创作,不是脱离朗诵的材料去另行一套,也不是照字读音的简单活动,而是要求朗诵者通过原作的字句,用有声语言传达出原作的主要精神和艺术美感。不仅要让听众领会朗诵的内容,而且要使其在感情上受到感染。为了达到这个目的,朗诵者在朗诵前就必须做好一系列的准备工作。

1.选择朗诵材料

朗诵是一种传情的艺术。朗诵者要很好地传情,引起听众共鸣,首先要注意材料的选择。选择材料时,首先要注意选择那些语言具有形象性,而且适于上口的文章,因为形象感受是朗诵中一个很重要的环节。干瘪枯燥的书面语言对于具有很强感受能力的朗诵者也构不成丰富的形象感受;其次,要根据朗诵的场合和听众

的需要,以及朗诵者自己的爱好和实际水平,在众多作品中,选出合适的作品。

2.把握作品的内容

准确地把握作品内容,透彻地理解其内在含义,是作品朗诵重要的前提和基础。固然,朗诵中各种艺术手段的运用十分重要,但是,如果离开了准确透彻地把握内容这个前提,那么,艺术技巧成了无源之水、无本之木,成了一种纯粹的形式主义,也就无法做到传情,无法让听众动情了。要准确透彻地把握作品内容,应注意以下几点:

(1)正确、深入的理解。朗诵者要把作品的思想感情准确地表现出来,需要透过字里行间,理解作品的内在含义,首先要清除障碍,搞清楚文中生字、生词、成语典故、语句等的含义,不要囫囵吞枣。望文生义。其次,要把握作品创作的背景、作品的主题和情感的基调,这样才会准确地理解作品,才不会把作品念得支离破碎,甚至歪曲原作的思想内容。

(2)深刻、细致的感受。有的朗诵,听起来也有着抑扬顿挫的语调,可就是打动不了听众。如果不是作品本身有缺陷,那就是朗诵者对作品的感受还太浅薄,没有真正走进作品,而是在那里"挤"情、"造"情。

听众是敏锐的,他们不会被虚情所动,朗诵者要唤起听众的感情,使听众与自己同喜、同悲、同呼吸,必须仔细体味作品,进入角色,进入情境。

(3)丰富、逼真的想象。在理解感受作品的同时,往往伴随着丰富的想象,这样才能使作品的内容在自己的心中、眼前活动起来,就好像亲眼看到、亲身经历一样。

以陈然的《我的自白书》为例,在对作品进行综合分析的同时,可以设想自己就是重庆《挺进报》的党支书记陈然,当时正处在这样

的情境中：我被国民党逮捕，在狱中饱受折磨，但信仰毫不动摇，最后，敌人把一张白纸放在我面前，让我写自白书，我满怀对敌人的愤恨和藐视，满怀革命必胜的坚定信念，自豪地写下了"怒斥敌酋"式的《我的自白书》。

（4）用普通话语音朗诵。要使自己的朗诵优美动听，必须使用标准的普通话进行朗诵，因为朗诵作品一般都是运用现代汉语写成的，所以，只有用普通话语音朗诵，才能更好地更准确地表达作品的思想内容。同时，普通话是汉民族共同语，用普通话朗诵，便于不同方言区的人理解、接受。因而，在朗诵之前，首先要咬准字音，掌握语流音变等普通话知识。

诗歌朗诵技巧

学习诗歌，朗诵是必不可少的环节，要朗诵好一首诗，就必须掌握朗诵技巧，如音调的高低、音量的大小、声音的强弱、速度的快慢，有对比、有起伏、有变化，使整个朗诵犹如一曲优美的乐章。下面举三个例子谈谈诗歌朗诵的技巧。

1.《春晓》

这是一首格律诗，朗诵这首诗时，应该注意每个字都要吐音清晰，淌出诗的节奏。每行诗句都可处理为三处停顿：

春眠／不觉／晓，
处处／闻／啼鸟。
夜来／风雨／声，
花落／知／多少。

念到"晓、鸟、少"时，字音要适当延长，略带吟诵的味道，使听众能感觉出诗的音韵美和节奏感。

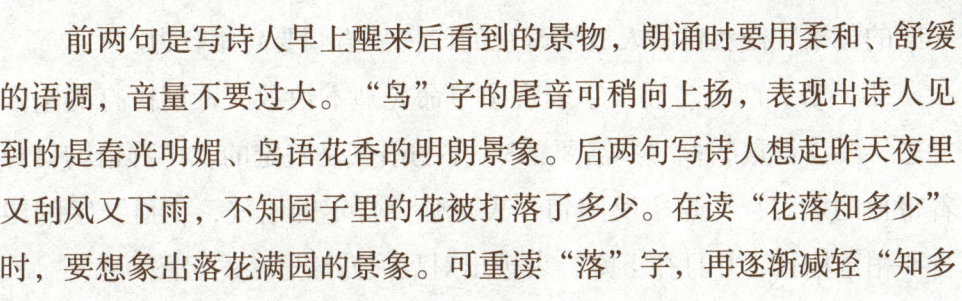

前两句是写诗人早上醒来后看到的景物,朗诵时要用柔和、舒缓的语调,音量不要过大。"鸟"字的尾音可稍向上扬,表现出诗人见到的是春光明媚、鸟语花香的明朗景象。后两句写诗人想起昨天夜里又刮风又下雨,不知园子里的花被打落了多少。在读"花落知多少"时,要想象出落花满园的景象。可重读"落"字,再逐渐减轻"知多少"3个字的音量,表现出诗人对落花的惋惜心情。

2.《我的"自白"书》

任脚下响着沉重的铁镣,
任你把皮鞭举得高高,
我不需要什么自白,
哪怕胸口对着带血的刺刀!
人不能低下高贵的头,
只有怕死鬼才乞求"自由"。
毒刑拷打算得了什么?
死亡也无法叫我开口!
对着死亡我放声大笑,
魔鬼的宫殿在笑声中动摇;
这就是我——一个共产党员的自白,
高唱凯歌埋葬蒋家王朝!

这是共产党员陈然同志被捕以后在特务们逼迫他写自白书时写的。这首诗既是一个共产党员崇高内心世界的真实写照,又是对蒋家王朝必然灭亡的庄严宣判。

全诗感情真挚,充满了激情,充分表现了先烈坚定的革命信念和大义凛然的革命气节。我们在朗诵这首诗的时候,要表现出作者视死

如归的英雄气概和对敌人极端蔑视的口气,语调要高昂有力。

第一节,两个"任"字表现了革命先烈不怕敌人毒刑拷打的坚强意志,要读得重些;"不需要"3个字的语气是坚定的;"哪怕胸口对着带血的刺刀!"这个反问句,表示强调肯定的语气,"血"字的尾音要稍微拖长,并且往下降,表现出对敌人残酷屠杀的轻蔑。

第二节,"人"和"怕死鬼"形成对比,要读得稍重;"自白"的尾音要拖长,表示出是所谓的自白的意思;"毒刑拷打算得了什么!"一句要读出反问的语气。

第三节,是全诗的高潮,朗诵时要感情奔放、语调昂扬,要表现出共产党人誓与敌人斗争到底的英雄气概和坚信革命必胜的乐观主义精神。

3.《向日葵》

不知太阳上,

有啥秘密,
那么好奇?
引逗得你哟,
白天仰着脸,
瞧呀,瞅呀,
夜晚低着头,
思来想去……

这是一首歌谣诗,这首诗的想象很新颖、奇特,能充分展现少年儿童聪慧敏捷的思维特点,因而充满纯真稚嫩的儿童情趣。

这首诗开始就把向日葵拟人化了。由"我"向它提出一个十分有趣的问题,既是"我"的疑问,也会引起小听众认真地思索。朗诵这两句时,速度不能太快,要注意自然停顿,以引起小听众的思考。

"不知／太阳上／有啥／秘密",这一句重音应落在"不知"、"秘密"上,"知"和"啥"两个字的尾音可以适当拖长。

第二句要强调"好奇",需加重语气,"奇"字的尾音要渐弱。

第三句可以结合儿童的天真、顽皮表现出来,语调轻快,头部、眼神可适当转动。

最后一句要和第三句形成鲜明对比,速度放慢,语调轻缓,注意停顿,给小听众留下联想和回味的余地。

总之,朗诵诗歌时,要注意节奏鲜明,并根据作品的基本节奏采取相应的速度。该轻快的要朗诵得轻快些,该沉重的要朗诵得沉稳、稍慢些。就一首诗来说,朗诵速度也不是固定不变的,而是要根据表现作品内容的需要来决定,并具有一定的变化。

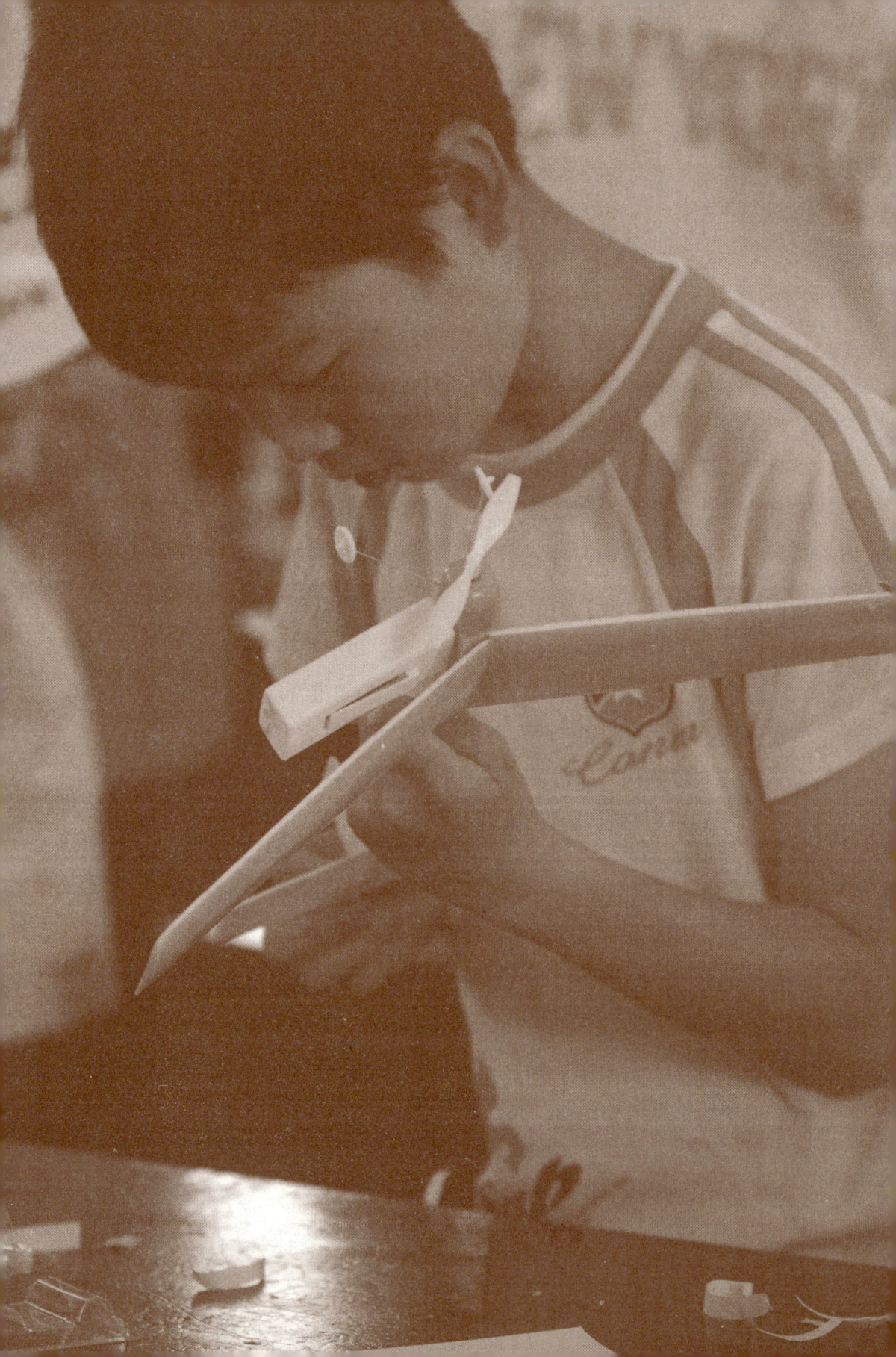

05. 校园实践类活动策划指导

校园发明创造的指导

学校的发明创造教育活动,是指教师运用创造教育理论引导学生学习掌握简单的发明方法和技巧进行发明创造,从而培养学生的创新意识、创新精神、创造思维、创新能力及个性品质,促使学生形成良好的创新素质。

营造发明创造氛围

兴趣是最好的老师。在对学生进行发明创造教育时,营造一个

"人人是创造之人、天天是创造之时、处处是创造之地"的氛围是非常有必要的。

学校在"科创"教育活动中,可通过组织开展"小发明信箱"、"创新方案设计大赛"、"奇思妙想"、"金点子创意"、"亮眼睛行动"等活动来激发小学生的发明创造兴趣,营造人人争做"小问号"、"小发现"、"小能手"的创新氛围,引导小学生在丰富多彩的实践活动中发现问题、研究问题、解决问题。

让学生在探究的过程中获得实实在在的收获,使他们体验到"处处是创造之地,时时是创造之机,以幻想为快乐,以创造为光荣"的发明乐趣,为学生创新意识和能力发展提供一个校园大氛围。

同时,利用课堂对小学生进行教育,教学效果的好与坏,关键也在于在课堂学习中创造性氛围,如果教师能够很好地引导学生积极思考,敢于表达自己的见解,会使其创造潜能得到最大限度的发挥。所以,教师在教学中应注意激发兴趣,鼓励学生探索求异,为学生营造一个充满创造性的课堂氛围。

营造学习知识氛围

教师在引导学生进行创造发明之前,必须让学生明白:没有深厚的文化基础知识就不可能有所成就,也不可能成长为高素质的创新人才。

我们要从两个方面引导学生:一方面要求每个学生必须掌握和理解一些发明创造的基本方法和技能,如缺点列举法、组合发明法、联想发明法、实例发明法、移植发明法,等等;另一方面要求学生学会思考,要密切联系生活,并运用所学发明创造的知识巧妙解决自己生活中遇到的难题。

对于那些爱好发明创造而不太注重文化知识学习的学生,教师可以以一些案例故事教育他们,例如发明家张开逊教授走向成功之路的经历。

张教授之所以能成为当代世界很有影响的发明家，是与他渊博的知识分不开的。也就是说，发明必须以扎实的文化知识做基础，现代杰出创新人才必须是知识渊博者。

调动学生学习积极性

由于受年龄和知识掌握情况决定，学生尝试进行发明创造时最困难的是找到好的选题，那么如何帮助学生确定选题呢？

教师在课堂引导时，不能采用传统的教学方法，只凭一张嘴、一只粉笔、一块黑板来讲授，这样学生会感到枯燥乏味。教师应利用自己熟悉的优秀发明作品，引出问题，创设情境，活跃课堂气氛，吸引学生积极参与。

如在讲授"联想发明法"时，可特地设计"用联想发明技法进行发明选题"的活动课，先展示一些学生的优秀小发明作品，用幻灯片在屏幕上投影出这些作品选题产出的大致过程，让学生根据自己的生活经历，联想出一个或几个发明课题，再将部分学生联想获得的选题

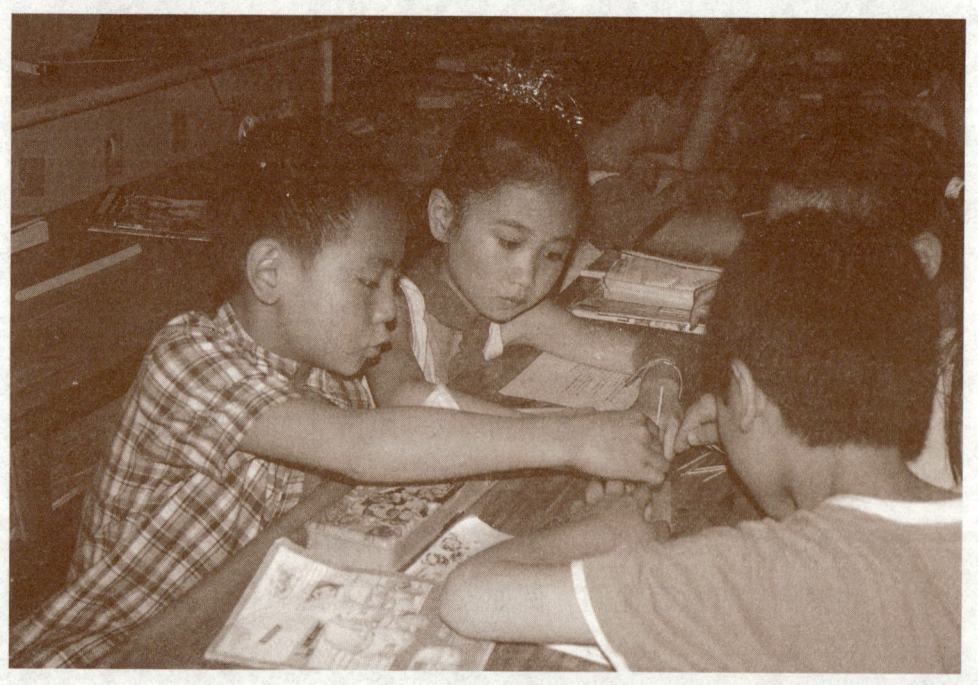

用幻灯片展示在屏幕上，让学生思考，进行第二次联想活动。

经过几次反复，每位学生的课题都得到了展示，便让学生根据自己的体会，总结出"联想发明法"的要领。这样，人人享受到了成功的喜悦，课堂主体作用得到了充分发挥，学习发明创造理论的热情更加高涨，也为小学生进行发明创造活动时探求选题指明了方向。

注重学生的思维训练

开展学生发明创造活动，对于训练学生的创造性思维能力有非常大的作用。在活动中，教师要特别注重对学生进行系统的思维训练，如进行发散、想象、联想、类比、组合等思维的训练，以促使学生创造性思维的发展。

通过训练，重点帮助学生掌握创造性思维的两种方法，即充分发挥想象力，突破原有知识圈而产生新设想的扩散思维方法和通过分析、比较、推理等手段，寻找最佳答案的集中思维方法。

鼓励他们打破常规，多方联想，以启发式调动其"灵感"，激活他们的创造思维，直至达到"入迷"的境界，渐渐形成自己的创新思维方式，并获得好的思维成果。

如有同学发明的"紫外线杀毒马桶盖"、"多功能的饮料瓶"等，就是他们通过观察生活中的自然现象受到启发，通过联想思维方法获得的创新成果。还有同学发明的"隐形可伸缩乒乓球网"、"桂花采集装置"等，就是他们运用逆向思维技巧获的好成果。而有的同学发明的"安全雨衣"、"姊妹小鼓棒"等，则是他们利用组合思维方式获得的优秀成果。

树立学生发明自信心

中小学生由于受各种条件和能力的限制，发明创造对于他们来说，比成年人要困难得多。老师要采用多种形式帮助学生消除"发明创造高不可攀"的畏难情绪，树立"别人能做到我也能做到"的坚定

信念，启发他们注意观察身边事物，从学习、劳动和生活中寻找课题，然后鼓励他们大胆创新和发明。

学生在课题实施中遇到困难，难免会产生波动情绪，这就需要辅导教师加以理解，抓住时机进行适当的引导与学生共渡难关，应及时激励他们："这个难题你一定能够解决好，多想想便可突破！"

学生听了之后自信心猛增，很快便进入了独立解决难题的兴奋状态，并通过不断努力，最终找到解决难题的好方法。从而有效地培养学生的创新毅力，为学生完成自己的发明作品做好坚实的后盾。

中小学生发明创造活动是一种实践性很强的活动，教师要从学生生活实际考虑，合理安排其实践的广度和深度，否则就会走入发明创造的死胡同。

老师应从培养学生创新能力的需要着手，联系生活组织学生进行了一系列的发明创造实践活动；如运用调查法、参观法、情报分析法、专利检索法等寻找发明课题的实践；运用组合法、移植法、智力激励法、逆向构思法等进行解题的实践；运用废物利用、教具改革、学具创新等进行动脑动手相结合的实践；应用实例发明法改进原来发明作品的不足的实践，等等，使学生的发明创造能力真正获得提高。

总之，作为中小学生发明创造活动的辅导教师，只有自己在教育教学工作中不断创新，努力探索辅导学生进行发明创造的方法和途径，才能提高学生的发明创造能力，才能使学校的科技教育上升到一个较高层次，真正使学生的创新素质得到培养。

此外，培养中小学生的科技发明创造能力不只是学校和老师的任务，要靠社会和家长的大力支持。这样，才能为孩子们创造一个更好的发明创造环境。

校园模型制作的指导

制作活动是模型活动和小制作最主要的活动形式。通过制作，能进一步巩固对飞机、轮船、汽车的了解。掌握制作方法，提高动手能力。

活动的内容

活动内容的选择要根据学生的年龄特征和知识水平，根据制作工艺的难易、结构的简单复杂进行选择。活动内容可以根据项目系统进行选择。

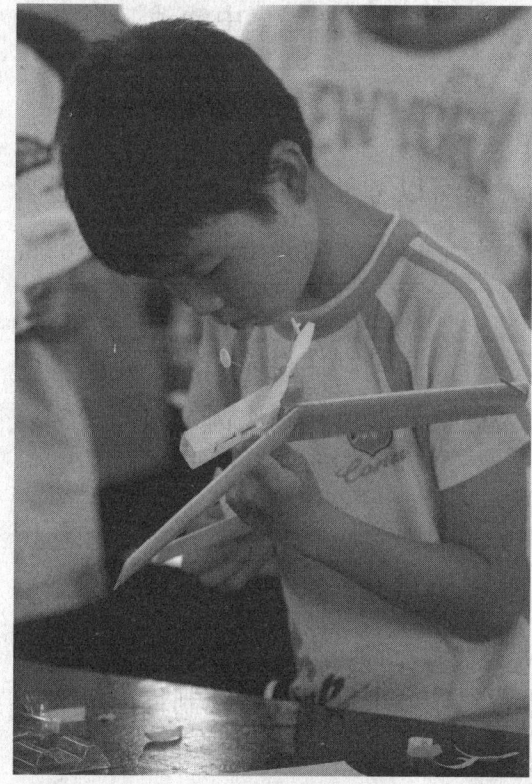

如：航空、航海、车辆或小制作；可以根据材料进行选择，如纸质模型和小制作，木质模型和小制作；可以根据动力要求进行选择，如橡皮筋动力模型和小制作，电动动力模型和小制作，等等。

小制作活动还可以根据制作原理进行选择，如光学小制作、力学小制作、声学小制作等。另外，还可以进行工具小制作、玩具小制作、教具小制作等。

内容选择上要从易到难，循序渐进，注意每次活动都能比以前有所提高，并且在设计上要注意趣味性，以提高学生的制作兴趣。同时，内容选择还必须考虑活动经费和器材、设备的要求。

活动的形式

在制作活动中，活动形式要多种多样，要根据所开展的制作活动是普遍性的，还是提高性的，是几个学生合作一件，还是每个学生作一件的情况选择活动形式。

对于普及性制作活动，可以安排劳技课和组织兴趣小组。制作内容难度不能太大，每个学生都制作一件，也可以几个学生合作一件。

兴趣小组可以每班组织一个，也可以按年级组织，分成初级组、中级组、高级组，提高性制作活动，是在普及的基础上进行的，可以组织多种形式的展览、评比、表演和比赛活动。在寒暑假举办冬令营、夏令营，把积极分子和骨干分子组织起来，集中活动，提高水平。

材料和工具

当活动形式和内容都确定后，就可以考虑制作活动所需要的材料和工具，为制作活动作前期准备。一般模型活动和小制作，需要准备图纸、材料、粘合剂和工具。

图纸是制作活动必不可少的资料。它是制作作品的依据。通过图纸，可以了解制作模型的种类、名称、外形尺寸和比例、内部结构以及各个部件的制作方法和组装要求等。

只有在看懂图纸的前提下，才能实施制作计划，配备材料。在中高年级学生中，可以适当讲解一些识图知识，如三视图原理，图纸上的基本线条和符号，等等。

材料要根据图纸和各个部件的制作要求进行配备。制作航模和小制作的材料十分广泛，有纸、吹塑纸、木材、竹材、有机玻璃、金属

材料和其他材料。不同材料的加工方法不同。

纸质材料常见的有卡纸、白板纸、铅画纸、蜡光纸等。可用剪子和刀片进行剪刻加工，制作比较方便。吹塑纸也经常用来制作模型，它的加工要用锋利的刀片，粘接时用白胶。

木质材料是制作模型和小制作的主要材料，常用的有松木、桐木、三合板、五合板等。木料的选择，要注意选择无裂缝、质较软、节疤较少已经干燥的木料，取材时还要注意木材的纹路。木料的加工用刀子、弓据、木砂纸和挫刀等进行。

金属材料常用的有白铁皮、钢片、钢丝、漆包线、大头针等，金属材料可用剪刀、钢挫、手摇钻、焊接等方法进行加工。

由于制作模型和小制作的有些材料比较贵或者一时买不到，这时就要考虑采用代用品，用废旧物品和边角料进行制作，在这方面有很大的潜力可挖。它可以降低制作成本。

如：船模中的螺旋桨轴，可以用自行车辐条代替，轴套可以用废圆珠笔芯代替，舱面建筑上的探照灯，可用旧灯珠代替，或用废发光二极管或牙刷柄的一端代替，等等。

工具的配备要根据制作要求，一般配备尺子、刀子、挫刀、锯子、剪刀、钻、榔头等就可以开展活动了。有些工具可以自己制作。如：小榔头用旧水龙头横柄一只和木棍一根就可以制成，刻刀可以用废钢锯条用砂轮磨制而成，等等。当然，也可以发动学生带些家里已有的工具，如螺丝刀、钳子等。

有些大件工具，如木工工具、台钳、电烙铁等，除学校购置一些外，还可以依靠社会力量，如争取附近工矿企业的大力支援等。

在材料和工具的配置上，由于受经费等条件限制，可以利用社会和家庭的力量，争取得到他们的支持，依靠社会力量，增添工具设备。

在独生子女较多，家长比较重视智力投资的情况下，开展制作活

动时,可以利用这个有利条件,制作材料由学生家长负担,制成的作品归学生所有。这样既解决了经费问题,又能使学生家长参与支持学生参加模型和小制作活动。

讲解和示范

讲解和示范是制作活动重要的一环。在学生动手制作前,辅导员必须详细地讲解制作的名称类型,制作的材料和工具,制作的方法和步骤,各个部件如何加工,如何进行整体组装粘合以及注意事项等。尤其要注意对图纸的说明和解释,使学生在头脑中对该模型有个初步的印象。

在讲解中,最好能对照图纸和实物,对于低中年级学生,可以边进行讲解,边示范制作;对于高年级学生,可以制作一件完整的作品或半成品作为示范。

独立地制作

讲解完后,由学生自己进行制作。低年级学生可以跟着辅导员做,而中高年级学生可以由学生独立进行制作。辅导员要随时注意学生的制作情况,边巡视边作辅导,要指导学生各个零部件的加工方法和工具的使用方法。尤其是对比较难制作的部件,要加强进行辅导。

由于制作时,有些材料很容易损坏,所以在辅导时要注意学生材料的使用情况,帮助他们提高成功率、要留有足够的时间给学生进行自己制作。

校园小试验小制作指导

水中的振动

由于振动而发出的声音,可以在固体和气体中传播,声音能在液体中传播吗?用细线系好三把旧钥匙,放入盛水的大饮料瓶内并上下抖动细绳,你听到了什么?可以听到碰撞声从水中传出来。仔细听又会发现,钥匙在空气中碰撞和在水中碰撞发声是不一样的。学生经过亲手做、亲眼看的实验过程,将会对声音的传播有了比较深刻的认识,并可以激发学生继续去探究新的知识。

不同的声响

将两个饮料瓶都剪去底部并做成喇叭状，用细线系在瓶口的瓶盖上，再用细绳的中间部分系住一把钢勺。将两个喇叭口罩住两只耳朵并贴紧耳根，并用钢勺去撞击桌子等物品时，你能听到什么？

可以请几位学生上台试试，并谈谈自己的感受。通过课堂参与的小活动，可以激发学生的兴趣，调动其求知的积极性。继续让一个学生手提着细线并用钢勺碰撞课桌，再谈谈手上的感受。通过刚才的小实验可以让学生了解到，振动能够发出声音来，并且可以通过细绳等物体向外传播；同一个声音从空气传到耳朵和从细线等传入耳朵，其感受却是不同的。

自制指南针

指南针能够指示方向，能够帮助我们在迷失方向的时候找到出路。人类运用指南针的历史已有上千年了。其实指南针的工作原理也是相当简单的，现在就让我们来亲手制作一个简易的指南针吧！

先准备一块磁铁，一根针，一把剪刀，一碗水和一张扑克牌。然后开始做实验：

把扑克牌剪成像缝衣针大小的一个圆。用针的粗头在磁铁的一端摩擦50下。注意，摩擦的时候要保持在同一个方向摩擦。

用针的细头在磁铁的另一端也摩擦50下。注意，摩擦保持在同一个方向。

把扑克牌轻轻放在水面上。把针轻轻放在扑克牌上，试着转动扑克牌。当碗里的扑克牌静止后，看看扑克牌上的针的两端分别向哪两个方向。哈哈！针的两端正好分别指向南北两个方向。再来几次，结果都是一样。

原来，地球本身是一个大磁场，有它的南北两极。而针在磁铁上摩擦后，也有了自己的磁场，自己的南北两极，因此，针在静止后分别指向南北两个方向。

自制导电纸

描绘静电场中的等势线时，需要用到导电纸，自制的导电纸一样好用。

1.方法一

自制导电纸需要的材料有废干电池、胶水、废报纸等。

先把废干电池中的碳棒取出，捣碎后放入容器中用水湿润，逐渐加入胶水并不断搅拌，使其成为油漆状粘稠状态，再用纱布过滤。将这种导电涂料均匀涂刷在纸上，待晒干或烘干后便可使用。

2.方法二

准备一张普通白纸和一瓶碳素墨水。在普通白纸下垫一薄膜，用板刷均匀刷上一层书写碳素墨水，待晒干或烘干后再刷一次，干后即可使用。

3.方法三

准备糊精、白纸、石墨粉或废干电碳棒细末若干。加少量清水到糊精里搅拌匀，再涂抹在白纸上，用两层棉纱包着石墨粉在纸上筛洒，待干后即可使用。

校园发明创造大赛方案

活动宗旨

营造良好的创新环境,有效开发和利用智力资源,服务全省科技创新,激发全省高校师生的发明创新热情。

活动主题

求智、创新、发展。

活动组织机构

主办单位:省科技厅(省知识产权局)、省教育厅、省科协、团

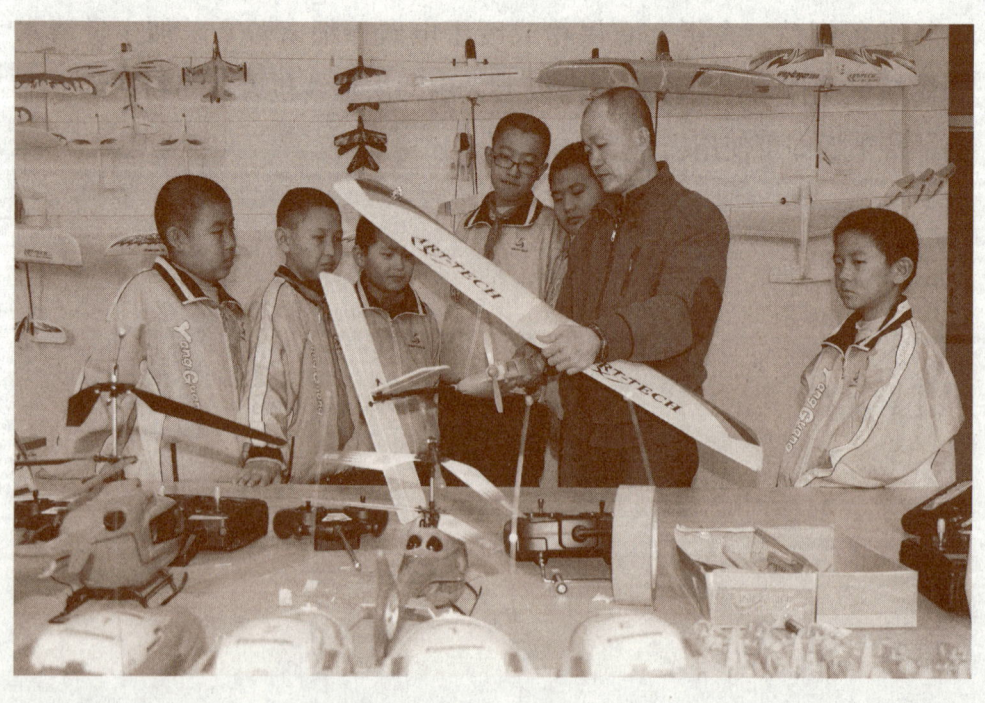

省委

承办单位：××省技术交易中心

评委会：主任委员由省知识产权局局长担任，副主任委员由省教育厅、省科协、共青团××省委单位的领导担任，委员由行业及高校相关领域专家担任。

活动日程安排

2013年11月9日：在专利周开幕式上举行启动仪式；

2013年11月9日—2014年1月20日：报名，报送参赛作品；

2014年2月1日—2014年2月15日：春节后，初审；2014年2月16日—2月28日：评委会评审；

2014年3月1日—2014年3月16日：网上向社会公示评审结果；

2014年3月19日—2014年4月12日：审批，确定大赛的一、二、三等奖；

2014年4月20日：知识产权宣传周上进行颁奖，媒体宣传。

参赛要求

1.参赛对象：全省在校大学生和青年教师（40周岁以下）

2.参赛形式：个人或小组（最多8人）形式

3.参赛作品：分发明、实用新型和外观设计三类

参赛须知

1.参赛方式

本次大赛以个人名义或小组（最多8人）方式参赛，申报作品数量不限，大赛一律不收取任何费用。

2.报名须知和有关事项

（1）参赛报名表可在××省技术市场网主页的"专利技术发布栏"下载。

（2）报名截止时间：2014年1月20日；

（3）参赛作品可为纸件、图纸、模型、实物等；

（4）参赛作品内容积极向上，体现新时代创意设计理念；

（5）为了保护参赛作品的知识产权，由参赛作品的权力人自行向国家知识产权局提出专利申请，如已提出专利申请的，提供受理通知书，已获得授权的提供专利证书；

（6）主办单位、承办单位对参赛作品进行初审，符合参赛条件的推荐给评委会进行评审，评出发明类、实用新型类、外观设计类作品各6件，向社会公示，接受监督，没有异议的作品提交主办部门审批。

3.参赛渠道

参赛作品报名表和参赛作品相关文字说明、或示意图等相关文件的报送方式：

（1）大赛投稿专用电子信箱：××××××@163.com，请在电子邮件"主题"处注明参赛类别（类别指：发明、实用新型和外观设计三类）。

（2）纸质文档邮寄地址：××市××路××号省科技厅技术交易中心，邮编：××××××，传真号码：××××××。

（3）可直接报送大赛办公室。

评选原则及标准

1.评选原则：公平、公正、公开

2.发明和实用新型类参赛作品评选标准

（1）发明是指对产品、方法或者其改进所提出的新的技术方案；实用新型是指对产品的形状、构造或者其结合所提出的适于实用的新的技术方案。

（2）作品要求技术方案构思巧妙、新颖。

（3）作品的原创性强，技术水平较高。

（4）作品实用性强，市场前景好，易于实施，产业化。

（5）不侵犯已有的发明或实用新型专利权。

3.外观设计类参赛作品评选标准

（1）外观设计是指对产品的形状、图案或者其结合以色彩与形状、图案的结合所作出的富有美感并适于工业应用的新设计。

（2）作品具有创意美观。

（3）生产适用性强，易于应用。

（4）不侵犯已有的外观设计专利权。

奖项设置

1.发明类

一等奖：1名，每名奖金××元

二等奖：2名，每名奖金××元

三等奖：3名，每名奖金××元

2.实用新型类

一等奖：1名，每名奖金××元

二等奖：2名，每名奖金××元

三等奖：3名，每名奖金××元

3.外观设计类

一等奖：1名，每名奖金××元

二等奖：2名，每名奖金××元

三等奖：3名，每名奖金××元

奖金发放和分配的最终解释权归××交易中心。

NO6. 校园行为类活动策划指导

学生爱国教育指导内容

爱国主义是人们世世代代巩固发展起来的对祖国的一种深厚感情，是"爱"的教育中的最高境界。历经磨难、饱经沧桑的人们都有刻骨铭心的亲身经历，所以对祖国有着深深的眷念和爱。

现在的青少年学生，生逢盛世，早已习惯了和平时代的幸福生活，一说到爱国，就觉得空洞教条，仿佛离自己遥不可及。如何触及青少年学生的灵魂，对他们进行有效的爱国主义教育呢？

从了解历史文化开始

我国的历史文化博大精深、源远流长，是我们每个中华儿女的宝贵财富。如果没有对祖国的了解，就根本谈不上爱。庄严的国旗国徽是我们国家尊严的象征，幅员辽阔的疆土和天然雕饰的自然风光是我们无尽的骄傲，彪炳千古、可歌可泣的英雄人物是我们最好的榜样，蕴含着成败经验的历史是我们的一面镜子……

我们要针对不同时期学生的心理特点，采取多种途径、多样形式进行生动活泼地教育，让青少年学生在潜移默化中领会到爱国的真正含义，在耳濡目染中彰显爱国情怀。

1.了解祖国国情，培养爱国意识

当青少年学生看到五星红旗和国徽或听到《义勇军进行曲》的时候，一定要让他们知道那些就是我们祖国的象征，以培养孩子的爱国情结和爱国意识，让孩子与祖国共荣辱。

低年级的学生，我们应以感情教育为主。比如老师可组织学生坐在一起聊聊国旗的来源，可以形象地讲讲关于八国联军如何瓜分我们的国家，可把八个国家比做是八个坏人，霸占了我们的房子，但是我们中国人不屈服，大家团结起来共同把八国联军赶跑了，为了纪念我国革命先辈的流血牺牲和革命的胜利，从此以后就有了国旗。

要告诉青少年学生如果不珍惜这来之不易的成功，不尊重国旗，那么也就不尊重我们这个国家，也就不尊重这个社会。学生虽然年龄小，但是对国旗的尊重也会慢慢积淀在他们心中，内化为一种爱国意识。

2.领略祖国河山，增强民族自豪感

"江山如此多娇"，且不说世界上现存规模最大、最完整的古代建筑群故宫和人类文明史上最伟大的建筑工程长城等，单是"飞流直下三千尺"的瀑布，"柳暗花明又一村"的春景就足以让青少年学生惊叹不已，就会时刻感受到自己祖国大好河山的秀丽。

低年级的学生,我们可以让他们看着地球仪认识我国地图,了解我国的地图是什么形状,有多少个省,多少个民族,哪个省在我国的什么位置。还可以用多媒体播放我国的自然风光图片,把祖国美好的一面展示给他们,以培养他们对自己祖国的自豪感。

虽然青少年学生的年龄小,还不能完全理解其中的文化底蕴,但是,好玩的地球仪、秀美的图片还是可以引起他们很大兴趣的,再加上教师有趣地讲解,学生们就更喜爱了。这样,祖国的概念就会在这种喜闻乐见、通俗易懂的形式中自然种植在他们的意识中。

中高年级的学生,对我国的名胜古迹、祖国的大好河山已经有了一定了解,一些条件好的学生还有过很多次跟名胜古迹、自然风光的亲密接触,所以可以采用知识竞赛形式,如说说"中国之最",比比谁是"中国名胜通",让学生在丰富多彩的活动中对名胜古迹有更全新的认识,培养自己的民族自尊心和荣誉感。

3.深谙爱国故事,浸染高尚人格

"中华五千年,英雄千千万"。中华五千年的历史就像一幅浩瀚的画卷,无数爱国志士就是镶嵌在这幅画卷上最耀眼的明珠。

如果说宋代著名政治家范仲淹的"先天下之忧而忧,后天下之乐而乐"对于小学生理解起来有些困难,那么我国航天英雄杨利伟历经磨练征服太空,奥运柔道冠军冼东妹忍受

离别女儿一年之久进行艰苦训练,北京学生梁帆参加"世界儿童为和平为未来"活动时要求升起中国国旗,这些既平凡却又震撼心灵的爱国事迹,就足以唤醒现代青少年学生对于榜样的最深刻记忆。

学生的年龄小,我们要尽可能把爱国主义的榜样生活化、艺术化、具体化、形象化,比如可以采取讲英雄故事、看爱国电影、读伟人传记、唱爱国歌曲等多种形式让爱国英雄人物形象深深植根于学生幼小的心灵深处,让他们从小就对英雄人物的行为有一种认同感,他们能够在这些事迹中认识到我国人是伟大的,都拥有一颗忠于祖国的中国心。

我们可以采取唱《北京的金山上》、《我爱北京天安门》、《放牛的孩子王二小》等爱国歌曲,听通俗易懂的英雄故事,让低年级的孩子了解爱国故事,通过读爱国书籍和收看爱国主义教育的专题节目,对中高年级的学生进行爱国英模人物的形象教育。

从生活细节之处开始

思想决定行动,有爱国之心才能有报国之志。反过来,行动也会指引思想,只有将爱国之心落实到日常的行动中,才会让青少年学生心中庄严的种子生根发芽。

很多人片面的认为热爱祖国、维护国家利益对小学生来说太难,做出一番大事还得他们长大了才能干,所以小学生的爱国主义很难落实到实际行动当中。维护国家利益是爱国,爱护一草一木也同样是爱国。爱国主义教育并不是抽象的、遥远的,而是可以具体到日常生活之中。

我们可以在日常生活中注意引导,从小事、小节、细致具体的行为入手,在点滴小事中引申发掘出其爱国积极的一面,对学生进行爱国主义教育。

1.爱国从身边开始

爱祖国，从爱妈妈做起；爱祖国，从爱家乡开始；爱祖国，从爱身边的人开始。一个人如果不热爱自己的故乡，不热爱家乡的父老乡亲，不热爱养育自己的土地，他还会热爱自己的祖国吗？家乡是我们生长和生活的地方，一草一木皆是情。

我们要引导学生从身边生活中捕捉家乡的美和翻天覆地的变化，对家乡充满骄傲和自豪，心中充满责任感，并从小树立把家乡建设得更美好的奋斗目标和光荣责任。

其次，我们就是要爱身边的人。家人、老师、同学，是生活在孩子身边的人。我们要引导学生从孝敬老人、尊重老师、团结同学这样的小处入手，培养他们健全健康的人格，让他们意识到这样既是对自己负责，又是爱国的具体体现。

2.爱国从爱国旗开始

国旗是一个国家的标志，不爱国旗也不会爱自己的国家。当五星红旗一次次在奥运赛场上升起时，每一个有道德的中国人都会滋生出自豪感；当神七登上太空，五星红旗在太空中摇摆时，全中国人民都无比骄傲。但是，我们也常常看到，有些学生在学校升国旗的庄严时刻，还在嬉笑打闹、随意走动。每当国歌奏响，国旗升起的时候，我们教师首先要面对着国旗肃立，给学生做出一个行为的榜样。

小学生因为天性好动，一时可能还不太愿意接受肃立的要求，但是我们要反复告诉孩子要立正、行注目礼，随便走动是对国旗、国歌的不尊重。久而久之，学生就会在老师的榜样中有了努力的方向。当国歌奏起，耳朵就会不由自主地聆听。国旗升起，目光就会不由自主地追随。同时，我们还要要求学生视国旗、国徽为祖国的象征，不做出有损国旗和国徽尊严的举动。

3.爱国从小事做起

爱国常常在一个个微小的地方，只要一个人心系祖国，哪怕在一

件平常的小事上也能表现出爱国之情。主动承担责任、爱校爱家是爱国,爱护环境、节约用水、节约用电是爱国,树立远大理想的教育,努力学习科学文化知识是爱国,尽量购买物美价廉的中国制造是爱国……

当你离开教室时,看见电灯没关时,你将它关好就是爱国;当你在公共场合,自觉捡起脚下的纸屑就是爱国;当你遵守秩序,自觉排队买票就是爱国;当你克服缺点,努力做一个受人欢迎的人也是爱国……每一个生活中的点滴都是爱国的折射。

我们要培养学生从最普通、最平凡的小事做起,处处严格要求自己,加强自身修养,完善自己的人格。爱国无小事,事事皆能爱国。一个人如果连这些"小事"都做不到,怎么可能在祖国最需要他的时候挺身而出去做"大事"呢?一屋不扫何以扫天下呢?

4.爱国从节日活动开始

重大节假日要给学生们营造一种潜移默化、润物细无声的氛围。清明节是纪念祖先和先烈的日子,是对学生进行"爱国主义教育"的

最好时机。

在清明时节，学校可组织学生参加清明节扫墓活动，让他们自己制作小白花、花圈，向已逝的亲人、先烈庄重地送上思念与敬意，让他们懂得今天的幸福生活是无数革命先辈用自己的生命和鲜血换来的，要珍惜今天的幸福生活，安心学习。

国庆节是中华人民共和国成立的光辉节日，是祖国的生日。在这个举国欢庆的日子里，我们可以为学生营造喜庆的祖国生日的氛围，引导学生回顾历史，展望未来，鞭策学生更严格地要求自己，激励自己，规范言行举止，树立强烈的历史责任感，立下"弃燕雀之小志，慕鸿鹄而高翔"的志向，做新世纪的小主人。

端午节、建党日、中国人民抗日战争纪念日等很多节日都是对学生进行爱国教育的最佳时机，我们要在不同的时候，有针对性地开展相应活动，给学生适当引导，让他们在活动中共同享受到了一份浓浓的爱国热情。

爱国主义是青少年学生成长的指路明灯，是他们成长道路上的指南针。培育堂堂正正的中国人，给学生一颗中国心，是教育工作者的天职。我们要把爱国主义融入每节课、融入每件事中去，由近及远，由抽象到具体，由情感熏陶到道德情操，让爱国主义成为我们教育的主旋律！

爱国主义教育周策划方案

活动主题

传承民族精神,弘扬爱国主义。

活动形式

小型板报比赛、爱国主义主题班会活动。

活动背景

为激励广大学生的爱国主义热忱,弘扬爱国主义精神,培养广大青年的历史责任感,使命感和高尚的爱国情操及增强大学生责任意识,我系特举办"传承民族精神,弘扬爱国主义"爱国主义教育周系列活动。希望通过本次爱国主义教育活动,确立青年大学生对祖国的自尊、自信、自强的进取心,把个人的成长进步融入民族复兴的伟大事业之中,同时增强我系学子的爱国情怀。

活动目的及意义

通过本次爱国主义教育周活动,渗透爱国主义,引导广大青年适应时代发展的要求,正确认识祖国的历史和现实,增强爱国的情感和振兴祖国的责任感,弘扬伟大的中华民族精神,高举爱国主义旗帜,自强不息,艰苦奋斗,真正把爱国之志变成报国之行。

活动时间

2010年12月9日——2010年12月15日

活动地点

依据各班情况、到时候具体通知。

活动对象

信息工程系全系学生

宣传策略

1."传承民族精神,弘扬爱国主义"学生签名活动,横幅宣传(针对全院学生)。

2.以展板形式宣传此次活动。

活动流程

1.小型板报比赛

(1)比赛要求

①内容要求:选材要新颖、健康,以爱国主义教育为主题,应具有多样性以贴近校园生活、学习以及反映广大青年思想的内容。

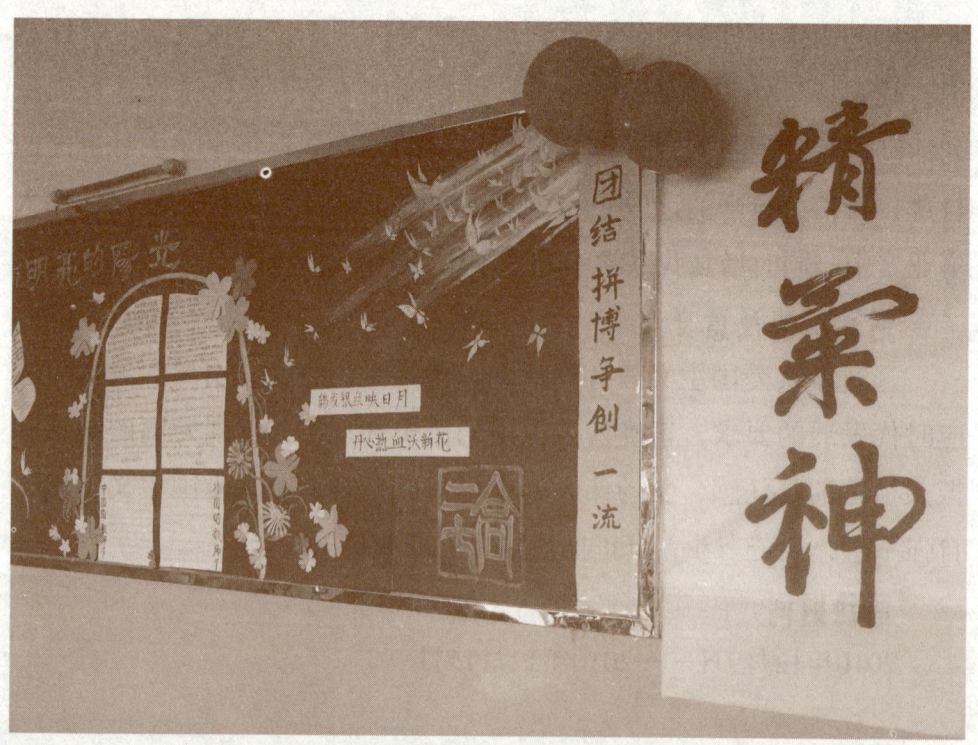

②形式要求：手抄报统一用八开白纸（最好是美术白纸）。每份手抄报上下页边距2厘米，左右边距1.5厘米，版面布局合理，知识性和观赏性有机统一。

③作品不能为印刷品。

（2）参赛形式

①以班级为单位，进行参赛。（每班至少5份）

②比赛分为初赛和决赛两个阶段，初赛由系部评定，评出优秀作品参加决赛，决赛由学院评委团评定名次。

（3）版面要求

①手抄报必须包含报头、插图、文字等，报头下面须注明班级和姓名。

②版面制作均使用手抄文字和手绘插图，版面制作不能有任何粘贴。

③版面制作用笔可随意选择，铅笔除外。

（4）评比细则

①只对在规定时间内上交的符合主题的作品进行评比。

②评比标准：满分100分，内容选择25分，要求内容健康，积极向上，突出主题，弘扬爱国主义教育，富有知识性，创新性；原创文章内容占整个版面的比例达到60%以上10分；整体书写15分，要求栏目丰富，文章有文采，文章流畅字迹工整；版面设计25分，要求版面新颖活泼，有创意，规范合理，主题明确有报头；色彩插图25分，要求版面图文并茂，整体效果好。

（5）决赛奖项设立：一等奖1名，二等奖2名，三等奖3名

（6）此项活动：预赛时间2010年12月10日之前，决赛时间2010年12月12日。

2.爱国主义主题班会活动

为了贯彻落实科学发展观，唱响时代主旋律，特在各班举行围绕

"爱国主义教育"为话题，以"传承民族精神，弘扬爱国主义"为主题的主题班会，进一步的宣传爱国主义这一历史对我们的影响与教育。

此项活动时间：2010年12月15日。

3.活动效应

通过本次爱国主义教育周活动的开展，丰富了同学们的课余生活，缓解了学习的压力，扩展了知识面及人生经历。促进同学友谊，陶冶学生情操。丰富与发展了校园文化，加强了校园精神文明建设，是我们整个校园充满和谐、健康、向上的文化氛围和精神风貌。有利贯彻落实科学发展观，饯行"八荣八耻"的社会主义荣辱观与构建和谐校园。

4.意义效应

本次爱国主义教育周活动不光丰富同学们的校园生活，加强校园精神文明建设，通过实地考察确立同学们对祖国的自尊、自信、自强的进取心，学习继承祖国的优秀文化遗产，并使之发扬光大。自觉地把爱国热情化作刻苦学习的强大动力，把个人的成长进步融入民族复兴的伟大事业之中。

5.安全性说明

本次爱国主义教育周活动的安全是第一考虑因素。在本次活动中分工明确，详细，可确保安全系数高。同时，为了避免突发事件的发生我们还做好了应急措施。

集体主义教育意义与方法

集体主义观念的必要性

面对一个正值青春躁动期的学生群体，任何一个卓有成效的班集体管理者，都是不会忽视集体主义教育的。也许，有人会认为，正是管理者出于自己管理的需要，简单而绝对地行使了自己的权力，导致学生人格成长的压抑扭曲。

不可否认，这样的情形在教育界确实常见，尤其是对年龄幼小、不够成熟的中小学生。为了克服这种现象，人们大力提倡 尊重学生、

弘扬个性，这确有必要。但是，不能走向另一极端。只有从学生人格成长的角度，帮助其寻找集体与个人之间的最佳结合点，才是其人格健康发展的保证。

1. 个体自然成长的需要

从个体的自然成长角度看，自我的成熟往往是学会扮演社会角色，承担社会责任和义务的必要条件。

社会心理学家米德详细描述了自我成长的不同阶段，从模仿他人到学会扮演游戏博弈中的角色，最终形成"概念化他人"，说明了自我是在群体中成长的。人格主义心理学家埃里克森继承了弗洛伊德的学说并加以创新，提出社会化的过程就是人格不断完善的过程。另一位人格主义心理学家阿德勒则明确提出，为社会奉献而获得自尊满足的人才拥有健康人格。

因此，要培养学生的健康人格，不能脱离集体主义教育，良好的个性首先表现在拥有和谐的人际关系、必要的社会责任感上。

2. 社会现实状况的需要

从社会现实状况看，当今中国的独生子女政策使得不少家庭以孩子为中心，造成青春期的独生子女普遍个人意识较强，一些独生子女对社会关系的认知较晚。学校的集体主义教育氛围，某种程度上可以弥补家庭环境的负面影响。在现实生活中有种种类型的学生，如依赖型的学生：事事依赖他人，没有主见；任性型的学生：我行我素，不愿合作；焦虑型的学生：遇到小小的困难，惶恐不安，不知所措；逃避型的学生：脱离集体，害怕与他人接触；神经质的学生：情绪变动大，喜怒无常；执着型的学生：个性固执，易走极端。

要促进这些学生的人格成长，引导他们不断向上，没有强有力的集体主义教育，是很难取得成效的。从中国文化的教化经验看，中国文化自古对人性体察入微。人性中，最难克服的是私心、私念。于

是，儒家文化教导"己所不欲，勿施于人"、"推己及人"、"己欲立而立人，己欲达而达人"等黄金法则。

在我们的文明传统中，对个人的关注是放在与外界社会、他人的联系中的。如何处理集体与个人的关系，中国文化对此有大量充满辩证智慧的论述。

而中国封建统治者对文化长期的政治化曲解，过于强调服从和共性，令中国文化的精华沾染了灰尘。可以说，我们的文化从来没有忽略个人，相反，一直将人格的完满作为人生的要义。由于人性天然的是阴暗与光明的对立统一，后天成长中如何使人格越来越完善，便成了每个人要面对的人生课题，无论他(她)自己是否觉知。因此，我们在今天的教育中，仍然不可忽视集体主义的教育。

集体主义教育的方法

1.强有力的约束和纪律

提到约束和纪律，班集体初建立时，学生们总有抗拒和逆反心理。即使一个成熟的班集体，学生们偶尔也会控制不住地违反纪律，放纵和越轨也会发生，这是正常现象。

正像社会心理学中指出的：社会化是终其一生的过程。美国社会学家丹尼斯·朗指出，成年人往往也会觉得是违心地活着，无法完全被社会化。一颗年轻活跃的心是不甘心受束缚的，但是，必要的纪律束缚对其成长是不可缺少的。正是因为束缚，才训练了他们对不良诱惑的抵抗力、训练了坚强的意志、训练了对集体和他人的关注。遵纪行为的养成，既需要循循善诱，更需要铁腕制约。制定与操行挂钩的班级规则，及时对违纪行为批评教育，必要时学校公开处分，都有利于纪律的实施。

2.共同的信念和舆论

共同的信念和舆论，使集体被无形的软索紧紧维系起来，使整个

集体步调一致，宛如坚强的堡垒。树立优秀的学生榜样，培养学生骨干，有利于班级良性风气的形成，形成良好的班级舆论。

3.普遍的友爱和关心

洋溢在集体中的关爱，是集体的润滑剂。首先，倡导 助人为乐。不少学生天性纯良，但是不知道怎么去关心帮助他人。这就需要教育者的示范以及具体的指导，经常进行表扬和批评，帮助养成关心他人的行为习惯。

其次，倡导团结和宽容。集体寄宿生活中，学生难免会发生一些矛盾，产生小群体分化。引导学生互谅互让，彼此宽容，是教育者的一项重要工作。我们遵循的原则应该是尽量化解矛盾，不激化学生冲突，要求学生站在对方的立场考虑问题。

促进学生自主成长

过于强调集体价值观，存在着扼杀个性的危险。我们强调集体主义，只是将集体主义作为一个现实的首要前提加以明确，而不是忽视

学生人格的自主独立。在完整的集体主义氛围形成后，学生自主人格的成长就成为更值得关注的问题。方法策略有很多。

1.对违纪现象区别对待

纪律严格而不容违反，这是对学生的统一要求。但是出现违纪现象时，却要灵活智慧。

（1）掌握度。偷盗和迟到、作弊和忘记关门窗、旷课和请假不及时、抽烟和在教室吃饭都是不同性质的违纪。对此，不可无限上纲，也不可小洞不补。

（2）分清不同学生的个性。纪律的平等性一定要维护，但是对于不同个性的学生，却需不同的教育方法。有的只须点到即可，有的则须重锤敲打；有的需要迂回婉转，有的必须单刀直入。

（3）倾听抱怨。纪律本身刚而不活，过时的规则、不够合理的规则，都有可能存在。因此，学生的抱怨，需要倾听，需要反思。必要时要修改规则，这样既是尊重学生，更是解开了学生身上不必要的束缚，促进了学生人格的成长。

2.集体活动中培养个性

学校和班级的活动往往包含了各种类型和内容。有的是需要个人默默地努力；有的是需要与其他同学合作；有的是需要老师指点；有的需要集体共同的创新。

在这些形形色色的集体活动中，学生的个性得到培养，人格在成长。保守退缩的学生需要鼓励，鼓励其勇敢地挑战自我，参加活动，培养自信。青春期的学生爱面子，怕出乖露丑，怕失败，这时老师最需要说的话是："得不到奖没有关系，重在参与，重在锻炼"、"试试看"、"做一件事开始总是难的，多做做就好了"。

狂妄冒进的学生，自我评价过高，如果经常参加活动，看到了有比自己更强的对手，往往自我认知会慢慢变得客观一些。每个学生个性方

面的优缺点在活动中表现得比较充分，作为教育者，既要分清不同的个性，因材施教，又要鼓励学生发现自己的潜力，克服原有的不足。

3.鼓励自主学习和创新

学校给学生提供了一个相对自由的学习空间。当学生还带有一些被动学习习惯时，教育者就必须灌输自我学习、自我发展的意识。到了高年级，随着学生自身的成长，独立意识和能力已经有所增强，这时应该结合今后就业与发展，鼓励学生确定自己的奋斗目标。有的学生从众心理比较强，别人自考我也考，别人学英语我也学，别人玩我也玩。对这类学生，要采用优秀榜样的示范法，激发其内在自我前进的动力。

社会公德教育指导与实施

社会公德是每一位现代社会的公民都必须遵守的规范。社会公德教育是道德教育中的基础环节,是维护人类秩序、调节人际关系的最基本的需要,也是人们社会生活最基本的需要。社会公德教育目标是促使学生进行社会公共道德的内化,即知、情、意、信、行,的转化,把习得的公共道德知识潜移默化到学生所履行的社会公德行为之中。

社会公德教育的必要性

从学生当前社会公德表现现状与学生的行为可看出他们仍缺乏公共道德:课桌上布满"伤痕"斑斑点点,墙壁上粘着乌黑的鞋印、球

印，公共书刊残缺不全，公共场所大声喧哗，学生中偷窃、欺骗、暴力行为、逃学和迷恋游戏网吧的案例时有发生，因此在我们的德育工作中应加强对学生社会公德素质的培养。

从造成这种现状的原因可以看出，当前的教育方法越来越不能满足现代社会的需要。因此，道德教育的各层次包括教育目标、教育方法及教育途径都需要进行加强改进。同时家长的教育方式和方法也需要加大改进，现在的中小学生大多数是独生子女，是家庭的核心人物，从小就受父辈、祖辈过多的关心爱护，凡事以自我为中心，缺乏公共道德意识。家庭不良的教育方法使学生任性自私，傲慢无理。粗暴专制的家庭教育使学生暴躁冷酷，粗野蛮横。这种状况给学校的德育工作带来困难和阻力。

社会公德教育的作用

1.约束作用

如果某人或某个团体违反了公德所确定的行为规范就会受到社会舆论等社会力量的谴责，也会受到国家的干预，使之受到必要的惩罚，从而促使人们遵守社会公德规范，约束自己的行为。

2.规范作用

社会公德作为学生的行为规范，确定了学生在社会公德领域哪些行为是道德的，是可行的，哪些行为是不道德的，是不可行的，从而对学生的行为起到规范作用。

3.向导作用

社会公德作为学生的行为规范，确定了学生的行为轨迹路线，要求学生按着规范的要求去行为，对符合规范的行为学校和社会予以表彰、奖励，否则，予以谴责，直至采取措施处理，从而保证规范的实施，为学生的行为指明了方向。

社会公德教育的实施途径

对青少年学生进行社会公德的教育需要考虑到学生的心理状况和思想发展水平，他们的心理具有独立性、叛逆性，不能只靠说教，应引导学生进行自我加工和自我创造。把外在的教育影响，变成学生自身社会公德认识重组的需要，这是培养学生良好社会公德的关键。

学校社会公德教育的出发点和最终目的，就是要帮助学生实现社会公德的内化。内化是人们态度体验变化的最终阶段，指在思想观点上与他人的思想观点一致，将自己所认同的思想和自己原有的观点信念融为一体，构成完整的价值体系。

学生在内化过程中解决了各种价值的矛盾冲突，当个人按自己内化了的价值标准去行动时，会感到愉快和满意。而当出现与自己的价值标准相反的行动时，会感到内疚、不愉快，这时，稳定的品德就形成了。

所谓社会公德内化，是指学生把一定社会的公共道德要求，转化为自身的需要。通俗地说，就是学生对公德教育的要求入耳、入脑、入心，从而变成自己的行动。因此，帮助学生实现社会公德内化，完成知、情、意、信、行这几步骤的转化就是社会公德教育的最终目标。而要完美完成知、情、意、信、行，就要做好一些观念意识的培养。

1.责任意识的培养

作为社会的成员在社会中生活，不能只知道在社会中索取什么，还应该对社会有所付出，要对他人负有一定的使命、职责或任务，要承担对社会和他人履行义务的道德责任。培养责任意识就是要培养学生全面、完整的社会性道德观念。

2.平等观念的培养

教育学生在现代社会中与人相处如何平等地处理各种复杂的关

系，并在处理这些关系时能摆正自己的位置，作出适当的反应。既不能当处于被动地位时，无原则地屈从 盲从于外部力量，也不能一旦处于优势地位时，便以为高居人上，得意忘形，甚至行为荒唐。

3.公正行为的培养

教育学生在社会中的行为不能总是单纯地从个人或小群体利益出发，把个人和小群体的利益看得高于一切，利益即是道理，不讲公正和公理。不能去建立自己的小团体，拉帮结派，为了个人或小团体的利益不择手段，损害他人利益，违法乱纪。

4.诚信之道的培养

人无信不立，以诚立人，以信立业，诚信是道德修养的起点。要教育学生信守对自己和别人的承若。诚信是对他人的诚实和别人对你的信任．是现代社会交往的基础。

5.宽容之心的培养

宽容，首先是对世界文化的慎思明辨，兼收并蓄。人和人之间尊重人权，尊重人们不同的兴趣、文化、信仰和种族身份，人与人之间关系融洽、奉献爱心、相互合作、和谐发展。其次，宽容是人际关系的宽松和睦，这是建立在严于律己，宽以待人之上的。要能容忍不同的意见、不同的想法，去思考不同意见的合理性；特别要尊重他人，处事要公正，要与人为善，成人之美。

6.友善之情的培养

友善要求每一个人对整个社会、整个人类有一种广泛的同情心、爱心，要尊老爱幼、助人为乐，在现代社会交往中提倡人与人的沟通、人对人的热情和尊重。

中小学生自觉性教育指导

纪律教育的重要性

纪律教育是中小学校德育工作的主要内容，同时也是建立和巩固班集体的根本保证。有了严明的纪律，学校就会变的井然有序，学校中的每个学生的思想、学习、生活等各个方面就会既有约束又有自由。班集体就会出现既有统一意志又有个人心情舒畅的生动活泼的局面。

一个学校和班集体如果没有必要的纪律，就无法进行正常的教

学,更谈不上教育任务的完成。

实践已经充分的证明:任课老师不抓纪律,就会出现乱课;班主任不抓纪律,就会出现乱班;德育处、相关管理人员不抓纪律,就会出现乱年级,甚至更严重;校长不抓纪律,就会弄的全校混乱。

混乱的学校的校风必然是很差的,混乱的班级,学习成绩肯定上不去,不仅如此,学生的思想品德也会存在问题,严重的会一连不断的出现违反纪律和违法的现象,所以,我们中小学校和老师必须努力的抓好学生的纪律教育。

教学中的纪律问题

1.随便乱说话

主要体现在教学区域和生活区域,如上课、自习课、午睡、晚睡等。这是一个普通性的违反纪律的现象。这种问题看起来是个小问题,如果不通过一定的教育方式来及时的加以制止,就会产生严重的后果。他可以由小声的说话发展到大声的说话,由两个人到多个人,由近距离到远距离,最后导致说起来没完没了。

2.迟到、早退、旷课

在中小学学校,学生迟到的现象时有发生,主要是由于学生的时间观念和时间管理能力差,常常睡懒觉、看热闹、随便打闹所导致。

早退、旷课是考勤制度中最严重的问题,如此的早退、旷课一定有着特殊的原因,它不仅不耽误学生的学习,还会带来更坏的后果,甚至与坏人勾结或在坏人的引诱下,在学校的外边做出了违反纪律和违反法律的事情。

3.争吵、打架、骂人的现象

这是中小学生最易发生的问题,主要发生在生活区域和其他公共场所,有时还发生在课堂上,特别是有些男同学容易冲动和女学生的任性,他们的语言表达能和自我约束力差,时常出现这种现象。打架

手段的原因,一般都是一些微不足道的小事情,例如:打饭插队、影响别人休息、出言不逊等原因。

4.抄袭作业、考试作弊现象

这些行为时有发生。考试作弊的原因有以下几种情况,分别是:

(1)是对学习缺乏兴趣的学生,平时对学习无所谓的态度,希望考试作弊。

(2)是原来学习基础就是很差的学生,虽然平时很努力,很认真,但是很难及格,在存有侥幸心理和焦虑的心理的情况下进行作弊。

(3)是讲同学友情,讲义气,在考试时,因为帮助同学而进行作弊。

(4)是本身学习不错,为了争的荣誉和奖励,从而作弊。以上几种情况中前两者比较居多。

5.损坏公物的现象

目前有一大部分的中小学生缺乏保护公共设施和财物的意识,更

有甚者是明知故犯。

6.抽烟和喝酒现象

当今的中学生把抽烟和喝酒作为一种时尚,特别是部分中学生。

解决问题的具体对策

针对上述出现的纪律问题,学校和教师应该是以预防为主,应该采取一系列强有力的措施。

1.对学生进行守则教育

我们现在的中小学生的学生守则,其实就是学生的行为规范,为了学生自觉的规范自己的言行,首先对他们就应该进行守则教育,从而针对小学生和中学生的接受能力采取不同的方法。

2.对学生进行规范化的教育

在学校中,学生应该遵守的校规、常规、班规主要是几项成文的制度,例如:考勤制度、奖惩制度,等等。常规是指除国家和上级颁发的成文制度外,学校自身制定的一些制度,例如:作息制度、课堂常规、文明公约等构成的不成文的规章制度。

3.在同学中开展集体的评比

对于低年级的同学来说,有效的方法就是搞课堂纪律评比,人与人比,组与组比,然后组长检查个人,班长检查小组,可以评分插红旗,可以上红榜。也可以采取多样的形式,内容也可以是不同的。例如:对于乱班,进行全面的要求可能效果不显著,此时可以针对一种行为进行单项评比。

4.开展群众性批评和自我批评

教师在处理较大的问题时,在把学生叫到办公室的同时,也可以在班级上处理,要在摆清问题的基础上,鼓励学生发表自己的看法,从而形成良好的认知能力和主动发言能力,然后教师做小结并提出处理意见。

5. 教师和家长密切配合

不论是在学校还是学生的家里，教师和家长都要相互协作，密切配合，做好学生的纪律监督工作和教育工作，从而形成一个良好的习惯，要让学生达到"人支配习惯，而不是习惯支配人"的境界。

6. 要坚持严格管理的原则

在纪律问题上，有部分的同学怕身强力壮的男老师，有的怕瞪眼睛和攥拳头的，有的怕老师挖苦，有的怕老师批评，有的怕处分，所以我们要"严"字当先，俗话说"严师出高徒"，就是这个道理。

7. 给予学生必要的爱

在管理学生的过程中，在使用"高压手段"的同时。更要注重学生的思想工作，对一些表现异常的学生，我们要细心的询问，给予必要的关爱，以免学生走极端，通过对其思想的开导，从而使学生走出心灵的阴影。

8. 教师要起到表率作用

教师要以身作则、言传身教，努力做到"喊破嗓子，不如做出样子"，这样才能起到表率作用。事实证明：身教是无形的教育，它不带有任何的强制性，完全是用示范的作用来引导学生，具有极大的感染力。

有关纪律教育的方法是很多的，但是没有一种是万能的，这就需要我们教师不断的借鉴他人的经验，在实践中不断的进行探索，针对在工作中遇到的不同情况，采取一种或者几种方法，最终总结出一套适合自己管理学生纪律的工作方法。

由此可见，纪律教育的目的不在于一时的表面效果，而在于它的深层次的学生的自我教育能力的提高。

N07.校园益智类活动策划指导

校园百科知识竞赛策划

活动目的
1. 提高我校大学生综合能力。
2. 丰富我校学生生活。
3. 营造学习气氛，提高我校学生学习兴趣，增加学习热情。
4. 提高我校学生团队协作能力，增强团队精神。
5. 倡导我校"博学、力行、守正、拓新"的精神。

活动介绍
1. 活动主题：快乐学习 智慧人生
2. 举办方

主办方：××团委学生会

承办方：××团委学生会学习部

3. 活动时间：

初赛：2012/03/27（周二下午14：00）

决赛：2012/03/30（周五晚19：30）

4. 活动地点：

初赛：学生活动中心一楼

决赛：学生活动中心一楼

活动资源
1. 人力资源：活动策划人员，宣传人员，活动现场组织人员，部

门之间协调人员。

2.物品资源

无需购买的：话筒，音响设备，抢答器，移动插线板，相机，桌椅

需要购买的：矿泉水，宣传海报，各种打印资料及奖品。

报名宣传工作

1.报名工作

（1）报名对象：全体在校学生；要求每队由四人组成，报名时每个队伍给自己取一个队员以及口号。

（2）报名方式：将报名表发到×××@163.com （报名表见附录）

（3）报名时间：2012年3月20日 截止于2012年3月25日

2.宣传工作

本次活动主要以海报、横幅、网络、短信和会议的方式进行宣传。意在打响本次活动的知名度，使同学们基本了解活动的基本信息，激发同学们的兴趣。

（1）海报。宣传本次活动的基本信息，并简单说明活动的奖项设

置，引起大家的关注。

（2）横幅：在两个食堂门口悬挂横幅"第一届百科知识竞赛——××学校"，进一步引起大家的注意。

（3）网络宣传。通过学习部的群和飞信向大家进行活动信息的基本宣传。

（4）会议。召开学习部学习委员的全体会议，向学委具体说明活动的信息，并让他们到班上尽量宣传。

（5）设立信息质询点，指定部门相关负责人作为活动的信息质询负责人，保证同学们参赛前没有疑问。

比赛流程

1.比赛总流程：初赛→决赛

（1）初赛。取6支队伍进入决赛，初赛以淘汰的方式进行。在每轮比赛中，每支队伍依次回答10个问题，问题均是选择题，每轮结束时淘汰回答正确个数处于后面的3支队伍，如果参赛队伍较多，大于20支队伍时，每轮淘汰5支队伍，如果存在其他队伍回答正确的个数和这3支队伍里回答正确个数最多的那支相同，那么一同淘汰。

当剩下的队伍在10支以内的时候，进行最后一轮淘汰赛，这轮比赛将保留答对题数处于前六名的6支队伍进入决赛。当存在与第六名成绩相同的队伍时，此时将他们与第六名队伍进行附加题阶段，同样是各自回答10道题，直到在其中产生第一名进入到决赛的队伍中，成绩重复类似处理。如果在进行倒数第二轮比赛时，剩下的队伍无法满足6支时，直接在这轮比赛取前六名进入决赛。

（2）决赛。每只队伍基本分为100分，在决赛开始前，六支队伍进行抽签进行入座。决赛共分为五个阶段，将在第四阶段后淘汰成绩处于后三名的队伍，剩下的三支队伍将在最后一阶段决出冠亚季军。

第一阶段：步步为营(必答题)。比赛规则：在此轮比赛中每支队伍

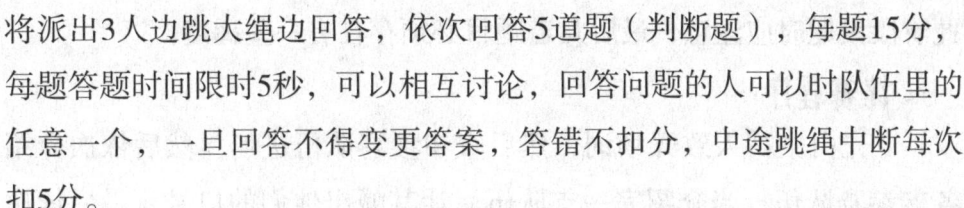

将派出3人边跳大绳边回答，依次回答5道题（判断题），每题15分，每题答题时间限时5秒，可以相互讨论，回答问题的人可以时队伍里的任意一个，一旦回答不得变更答案，答错不扣分，中途跳绳中断每次扣5分。

第二阶段：胸有成竹（选答题）。比赛规则：此阶段，题目将分为六类题，分别是生活常识、国际时事、文学常识、自然科学、历史知识和文体知识。此阶段按上轮得分由高到低依次选题，如果分数相同，则由座位号由小到大选择，每组题只限选择一次。每类题由5道题组成，每题答对得15分，答错不扣分。此阶段后安排观众有奖答题。

第三阶段：智勇双全（扔飞镖答题）。比赛规则：此阶段每队派出一人扔飞镖，每支队伍有两次机会，根据飞镖成绩自由选择相应分值的题目，飞镖两次均脱靶则丧失此阶段答题机会。题目由10、20、30分值的题目组成，每支队伍只有一次答题机会，答对得相应分数，答错不扣分。

第四阶段：勇者无敌（风险题）。比赛规则：此阶段每支队伍将有一次挑战风险题的机会，题目由10分~50分的题目组成，难度依次递增。按座位顺序开始选择（或者抽签决定），答对得相应的分数，答错扣除相应的分数，答题限时10秒。此阶段过后将淘汰分数处于后面的3只队伍，如果有同分数者，则进行抢答的附加题阶段，题目仅限一题，答对晋级，答错淘汰。抢答必须在主持人说"抢答开始"后开始，否则抢答无效。此阶段后安排观众有奖答题。

第五阶段：先声夺人（抢答题）。比赛规则：此阶段共10道题，题目由10分（3道）、20分（3道）、30分（2道）、40分（1道）、50分（1道）的题目组成，答对得相应分数，答错扣相应分数。抢答必须在主持人说"抢答开始"后开始，否则抢答无效。当10题结束后如果存在相同分数者，进行一锤定音阶段，同样是抢答题，答对者为胜。

此阶段设题时应注意,最后几道题目必须存在有一些梯度。

比赛程序

1.先由主持人致开场词,然后宣布参赛队伍进场,然后依次介绍各支参赛队伍,当介绍完一支队伍后让其喊出他们的口号。最后依次介绍来场的各位嘉宾。

2.主持人简单介绍比赛环节。

3.主持人宣布比赛开始。

4.请嘉宾点评。

5.主持人宣布比赛结果。

注:比赛期间,请工作人员维持现场秩序,不得高声喧哗,更不能向选手提醒答案。

负责人员安排

活动策划统筹:××、××(学习部)

活动宣传:××

活动报名负责人:××

奖项设置

一等奖:证书+智能手机

二等奖:证书+MP4

三等奖:证书+音响

优秀奖:证书

校园猜灯谜活动策划

活动组织

组　长：××

主　持：××

参　与：各班班主任、任课教师

安全保障：××

 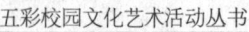

奖品兑换：××

摄　影：××

活动准备

1.将美术活动运用于生活，让学生感知美术对生活的作用。要求每个学生一人只做一件构思独特的灯笼，灯笼的造型不限，只要满足实用的效果就行。做好之后先在本班交流评价，以完善自己的创意之作。

2.语文教师为灯谜展做好谜面，难易度要适中，覆盖面要广泛，以激励学生各学科的探究学习。

3.综合组做好猜灯谜的相应工作：布展材料的准备。

活动时间

学校领导协调各项工作后定为2013年12月27日。

活动地点

因为此活动只在八年级开展，因此灯谜展的地点选定为八年级教学楼前。

奖励设置

1.本活动旨在让学生通过制作灯笼，了解祖国传统文化的内涵，并在猜灯谜的不经意间学会关注社会学科各个领域的特点，强化学生的求知欲。因此，奖项为50个纪念本，以激励大多数学生参与到活动中。

2.每个灯谜都有编号，猜中的同学在兑奖处报谜面号兑奖，第一个猜中的有奖。

3.兑奖老师作好记录。

活动结束

兑奖结束后学生可以继续观看自己没猜到的灯谜，激励学生的全面发展。

附件：灯谜谜面

1.爱好旅游（打一成语）——喜出望外

2.逆水划船（打一成语)——力争上游

3.快刀斩乱麻（打一成语)——迎刃而解

4.节日的焰火（打一成语）——五彩缤纷

5.中国界首（打河北一地名）——玉田

6.恍然大悟（打一中草药名）——脑立清

7.刘邦登基诏书（打四川一地名）——宣汉

8.农产品（打一成语）——土生土长

9.一江春水向东流（打一中草药名）——通大海

10.早不说晚不说（打一字）——许

11.半导体（打一字）——付

12.祝福（打一字）——诘

13.画中人（打一字）——佃

14.潘仁美卖国（打一地名)——通辽

15.全面整顿（打云南一地名）——大理

16.古城姐妹（打一中草药名）——金银花

17.大开绿灯（打一中草药名）——路路通

18.三八多面手（打《红楼梦》人名）——巧姐

19.元前明后（打《水浒传》人名）——宋清

20.众芳竞艳（打《水浒传》人名）——花荣

21.醒后得知一场梦（打《西游记》人名）——悟空

22.古代文化（打《三国演义》人名）——史迹

23.退席（打《论语》一句）——不在其位

24.为储户保密（打《四书》一句）——慎言其余

25.科举制度（打《前出师表》一句）——试用于昔日

26.平等待客（打一文学名词）——主人公

27.天女散花(打一新兴词语)——高消费

28.为你打我,为我打你。打到你皮开,打得我出血(打一动物名)——蚊子

29.黑脸包丞相,坐在大堂上(打一动物)——蜘蛛

30.中间是火山,四边是大海。海里宝贝多,快快捞上来(打一日常用品)——火锅

31.鸡蛋穿墙(打一四字成语)——自取灭亡

32.108个好汉捉小偷(打一四字成语)——兴师动众

33.除夕之夜种四草(打一字)——萝

34.骑在羊背上的国家(打一国家名)——澳大利亚

35.冰火之国(打一国家名)——冰岛

36.春秋各一半(打一字)——秦

37.早(打一俗语)——斩草不除根

38.东汉末年的激战(打一热门游戏)——三国杀

39.夕阳(打一字)——晒

40.长寿果(打一水果)——核桃

41.沿街游行秧歌队,纪念民族英雄会(打一节日)——元旦节

42.天然矿泉水(打一水果)——梨子

43.佛教之都(打一外国城市名)——曼谷

44.东方威尼斯(打一城市名)——苏州

45.神仙(打一俗语)——不食人间烟火

46.济人急难(打《水浒传》人名)——施恩

47.一只雀,飞上桌,捏尾巴,跳下河(打日常用品)——汤匙

校园诗词对联活动策划

活动主题

书情画意绘南邮,恭祝母校70载

活动内容

创作诗词对联、书法、绘画、摄影(可制成邮票纪念)

活动介绍

围绕校庆这个主题,进行诗词对联征集活动,在选出优秀的诗词对联进行评比,并在评选期间进行书法与绘画(摄影)比赛,书法与

绘画（摄影）的基础建立在诗词对联之上，且优秀的作品可以留在校庆当天进行展览。

活动目的

通过一系列的文艺比赛让众多的在校学生认识到校庆与我们息息相关，让大家积极的参与到校庆中来，展现出自己文艺的一方面，增加学校的文化底蕴，评选出来的优秀书法（摄影）作品可参与校庆的展览。

活动特色

结合现在流行元素，设立文艺青年奖，结合学校特色，将有优秀的诗词对联与书画摄影作品结合，制作成邮票纪念。

具体活动

1.准备阶段（诗词对联活动宣传、征集期）

（1）宣传阶段定在比赛前2周。

（2）在学校人流量大的地方悬挂条幅（教学楼周边），在南二广场设立帐篷，进行诗词对联比赛的宣传。（宣传部负责）

（3）将比赛的规则等制作成宣传纸形式发给各辅导员，进行班级中的宣传。（宣传纸附录1）

（4）在学校的南二南三广场进行比赛咨询处和宣传纸张的散发。

（5）先进行各院系中的选拔，在汇总至学校，同时进行全校选拔，以防好的作品没有在院系中被发现。

2.实施阶段（诗词对联评比，书法绘画（摄影）创作期）

（1）结束了诗词对联的征集，进行诗词对联的评比，以及书法绘画（摄影）创作（结合诗词对联）。

（2）先在各个院系中进行评选，评选出每个院中的前×××名次（按各个院系的作品数进行比例分配，同时进行上交至全校的作品评比）。例：每个专业1份~2份，每院10份左右。全校评比的也选出10

份，当做一个院系的数量。

（3）选出能够入围的50副（按收到诗词对联的总数确定），然后在南二广场进行展示（3天），进行第一步大众评选投票。（以贴小纸片的形式进行投票）

（4）在评选这些优秀诗词对联的同时，开始优秀书法与绘画（摄影）的比赛。参加的书法作品内容必须是这些入围诗词对联，用（毛笔，宣纸）写，参加的绘画（摄影）围绕这些诗词对联的主题展开创作。

（5）在规定的期限内（7天）收集参加者的书法及绘画（摄影）作品，按收集来的作品总数进行优秀作品评选。（选出的作品数量按总数的百分之五来定）

实施细节

1.赛程安排（假定开始时间3月1号）

（1）3月1号~3月4号，诗词对联比赛宣传。

（2）3月3号前，通知各个辅导员，负责将比赛宣传纸发放至各个班级负责人处。

（3）3月8号，收集到的诗词对联作品进行院内评比。

（4）3月8号~3月10号，进行校内选拔（选出优秀但为被院评上者）。

（5）3月10号~3月14号开始进行复评同时进行书法绘画（摄影）等比赛的宣传和作品上交。南二投票与人人网投票开始。

（6）3月18号，选出的最终进入决赛的作品由决赛当晚的晚会中评选，评分规则按最公平公正的规则进行，规则的制定应确保比赛的公平，最终分数的制定由学生会具体安排。

2.评分规则

诗词对联作品及书法作品、绘画（摄影）作品的评选可分为几个

步骤。

（1）初评：由老师、辅导员、学生代表，院学生会进行评选上交至校。

（2）复评：（选出的诗词对联）在南二广场进行展示，在展示期间进行投票，同时在人人网也进行一次投票，最终的名次按分数计算。即在南二广场的票数排名按从高到低开始加分，在人人网上的投票也按如此加分。加1分~0.1分。（选出的第一名均可以获得网络人气奖及校内人气奖）。

（3）在南二评选以及网络投票结束时，同学上交的书法作品进行评选，选出入围的百分之10个作品，由校内知名老师及辅导员学生代表进行选拔出。

（4）选拔出来的那些诗词对联和参赛作品将在决赛晚上进行最终的评选，评选实行百分数制。当晚的活动，应请到校内知名的学者，

领导进行投票（他们手中票的分数待定），还有请到一些大众评委，每人1分或者其他。最终选出一、二、三等奖及其他。

3.比赛奖励

（1）比赛评出前20名均为文艺青年奖，发放礼品、证书（具体待定），或者加一定的自主学分（1分或者2分）。

（2）比赛评出一、二、三等奖6名（或者9名等），发放证书以及奖品，或者追加一定的自主学分（2分以上）

（3）评选出校内人气王以及网络人气王进行一定的嘉奖。

（4）书法书画等作品也同样评出前20名为文艺青年奖，以及一、二、三等奖多少名。书法等也可以评出校内人气网

（5）优秀的书法以及绘画摄影作品可以制作成邮票，结合学校以往的一些优秀摄影作品可以制作成一本纪念邮集，送给校友具有极佳的纪念意义。

4.比赛注意事项

（1）为了公平公正，比赛作品杜绝抄袭，若有相同的作品，则2份作品均不可入围，除非一方有原创证明。杜绝网络抄袭，提倡原创。

（2）活动期间的投票亦要保持公平公正原则，投票的时候每人一票，可以应用过去活动投票的方式进行。网络投票也是如此。

（3）活动期间的一切经费均由指定部门负责（例××），当天决赛晚会的组织也由指定部门负责（××），奖品等发放，分数的累积评选等均要保持有秩序。

（4）校庆网上有优秀的作品，可以参加评选。

（5）赛程安排与赛程评比可以参考十佳歌手策划书。宣传横幅，海报制作，教室借阅，资金使用，晚会组织由各个有关部门负责，有学生会总协调。各个阶段请各个部门制作好相应的策划书。

校园棋类比赛活动策划

活动背景

我国是世界棋类艺术的发源地,世界上最早的棋艺游戏弈,最早的有兵种棋戏博,最完善的棋艺形式围棋和象棋都是中华民族最先创造形成的。在唐宋以前,棋类艺术不仅作为四大艺术之一,又是文化教育的必修课,并且是公认的检验人们智能素质高低的主要标准之一。在这数千年人类文明中,棋类艺术随社会发展而不断演进更新。

棋类艺术以其高度生动形象的神奇魅力,穿越了时间与空间,跨越了历史与地域,冲破了民族与语言,突破了朋友与敌人,使一切阻隔都显得那么微弱渺小。而古今中外,各色人种,各行各业的人都能够在静谧的手谈神往中进行着更深层次的思想交流,情感交流,并达到相通相融。棋类艺术是生命之河浇灌的生命之树,并将伴随人类文明之始终,生生不息,万古长青。

但在当今的大学生活里，棋类艺术却被渐渐隐身了起来，特别进入二十一世纪，所以本次比赛为致力于我系棋类运动技术水平的提高，丰富同学们的课余生活、活跃大家的棋类兴趣氛围，扩大交友范围。

活动目的

1.培养职大学子的兴趣爱好，丰富我们的校园生活，通过参加此次活动，从而延伸求知领域、扩大交友范围。

2.提高校园活动质量，以其特有的思想性、艺术性、知识性、趣味性、多样性的多种形式吸引着广大职大学子积极参与其中。

3.体现和树立职大人的健康形象和精神风貌。

4.同时为进一步促进本学期我系团学工作的展开。

5.促进班级之间的交流与沟通，提供学生show出自我才能的舞台。

6.扩大管理工程系在校内的影响力，丰富我系团学工作。

活动流程及细则

1.活动主题：快乐"棋"分享，双棋斗智勇

2.大赛组织工作

为保证大赛的顺利进行，特成立大赛工作组：

组长：团委学生会公关部部长××

副组长：团委学生会公关部副部长××

组员：团委学生会公关部全体干事

嘉宾顾问组：主席团部分成员（据个人时间再定）

3.活动时间：2013年11月中、下旬

4.活动地点：暂定

5.参赛对象：面向××市××学校全体学生

6.大赛流程

具体步骤安排如下：

（1）前期准备。比赛前公布"快乐'棋'分享。双棋斗智勇"比

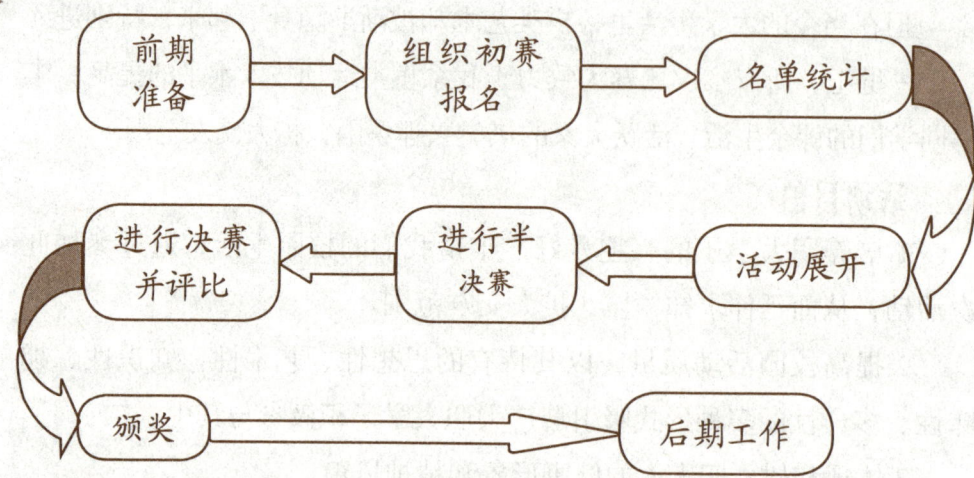

赛通知；11月15日~11月18日，并在11月19日至11月20日收齐报名表。届时将以海报、报名表等形式宣传本次比赛活动。培训裁判于时间11月×日晚上组织此次活动工作人员参加培训活动，讲解活动规则和流程细节。

（2）初赛具体流程。11月24号下午17：30所有工作人员到场。

18：00选手开始签到，选手进行就坐比赛等；（时间暂定）

18：15（时间暂定）

要安排的事项有：

①各班学生代表与嘉宾进场；

②主持人致词，介绍到场的与嘉宾；

③主持人介绍比赛规则及应注意事项并宣布比赛正式开始；

④要求各位参赛选手比赛开始前检查棋类是否缺少，如有缺少，及时向工作人员反应，逾期不负责；

⑤安排裁判；

⑥比赛进行；

⑦工作人员监督巡视监督。

18：30（时间暂定）

①比赛结束，主持宣布各组胜负情况；

②主持人宣布下次比赛时间；

③后期工作：由公关部工作人员负责收拾会场，进行收尾工作。

（3）复赛具体流程。11月25号下午17：30：所有工作人员到场18：00选手开始签到，选手进行就坐比赛等；（时间暂定）

18：15（时间暂定）

要安排的事项有：

①各班学生代表与嘉宾进场；

②主持人致词，介绍到场的与嘉宾；

③主持人介绍比赛规则及应注意事项并宣布比赛正式开始；

④要求各位参赛选手比赛开始前检查棋类是否缺少，如有缺少，及时向工作人员反应，逾期不负责；

⑤安排裁判；

⑥比赛进行；

⑦工作人员监督巡视监督。

18：30（时间暂定）

①比赛结束，主持宣布各组胜负情况；

②主持人宣布下次比赛时间。

③后期工作：由公关部工作人员负责收拾会场，进行收尾工作。

（4）决赛具体流程。11月26日下午17：30所有工作人员到场，18：00选手开始签到，工作人员引领选手进入吴文化园，选手进行就坐比赛等；（时间暂定）

18：15（时间暂定）

要安排的事项有：

①嘉宾进场；

②主持人致词，介绍到场嘉宾；

③主持人介绍比赛规则及应注意事项并宣布比赛正式开始；

④要求各位参赛选手比赛开始前检查棋类是否缺少，如有缺少，及时向工作人员反应，逾期不负责；

⑤安排裁判；

⑥比赛进行；

⑦工作人员监督巡视监督。

18：30（时间暂定）

①比赛结束，主持宣布各组胜负情况；

②主持人宣布下次比赛时间；

③后期工作；由公关部工作人员负责收拾会场，进行收尾工作。

参赛方式及比赛规则

1.比赛棋种：中国象棋、五子棋

2.参赛者：在校所有学生

3.基本原则：遵循"友谊第一，比赛第二"的原则，讲究棋风、棋德，赛出风格，比出水平，尊重对手，尊重裁判。

4.比赛方法：采取抽签方式抽取对手，进行对决，采取"三局两胜制"决赛采取"五局三胜制"。

5.比赛中要严格按照比赛规则进行，尊重对手，尊重裁判，若有争议应请示裁判，并有裁判进行裁决。

6.赛场内禁止出现喧哗、吵

闹、指点提示对局者的现象。棋手们应自觉遵守赛场秩序。裁判长有权根据棋手的违规情况做出适当的判罚。

奖项设置

本次比赛两种棋类各设"棋圣"、"棋王"、"棋士"三项奖项（即冠、亚、季军）。

奖品：

两名棋圣：100元充值卡一张＋荣誉证书

两名棋王：内存4G U盘一个＋荣誉证书

两名棋士： 分获象棋、五子棋一套＋荣誉证书

会场意外的防范

1.参赛选手可能发生突发情况从而不能参加比赛，工作人员要及时联系好选手，不能来的选手要在比赛开始前和工作人员联系登记。如果确定参赛选手不来参加比赛，则判定此队此局输。

2.大赛开始时场面比较混乱，参赛选手要提前半小时到位进行签到，维护秩序人员要认真执行工作，维护场面秩序。

3.如果有参赛选手因对比赛结果、或对步局限时判定不满意，进而大声喧哗等，其他各局裁判不要受其影响，负责人应马上进行劝阻，尽快将其带出比赛现场。如果事态严重，所有比赛立刻停止，部分工作人员进行疏导，部分工作人员进行劝阻，保证赛场安全。

4.比赛进行中，周围观众起哄，巡场工作人员应立即上前阻止，行为严重的，尽快将其带出比赛现场。

5.裁判员如果因事没有到来，立刻从巡场工作人员中抽调人员进行裁判工作。

图书在版编目（CIP）数据

校园文化艺术活动策划指导手册 / 李明华编著. -- 长春：吉林出版集团有限责任公司，2013.11（2020.11重印）
ISBN 978-7-5534-3286-1

Ⅰ．①校… Ⅱ．①李… Ⅲ．①文娱活动－青年读物 ②文娱活动－少年读物 Ⅳ．①G241.3-49

中国版本图书馆CIP数据核字（2013）第226726号

校园文化艺术活动策划指导手册

李明华　编著

出版人：	齐　郁
责任编辑：	孙　婷　田　璐
封面设计：	大华文苑（北京）图书有限公司
版式设计：	大华文苑（北京）图书有限公司
法律顾问：	刘　畅
出　　版：	吉林出版集团股份有限公司
发　　行：	吉林出版集团青少年书刊发行有限公司
地　　址：	长春市福祉大路5788号
邮政编码：	130118
电　　话：	0431-81629800
传　　真：	0431-81629812
印　　刷：	北京兴星伟业印刷有限公司
版　　次：	2013年11月　第1版
印　　次：	2020年11月　第3次印刷
字　　数：	158千字
开　　本：	710mm×1000mm　1/16
印　　张：	12
书　　号：	ISBN 978-7-5534-3286-1
定　　价：	35.00元

版权所有　翻印必究